SV

Peter Handke
Unter Tränen fragend

Nachträgliche Aufzeichnungen von zwei Jugoslawien-Durchquerungen im Krieg, März und April 1999

Suhrkamp

Teile des Textes über die Karwochenreise erschienen
am 5./6. Juni 1999 in der *Süddeutschen Zeitung*
unter dem von der Redaktion gewählten Titel
»Der Krieg ist das Gebiet des Zufalls«.

Suhrkamp Verlag Frankfurt am Main 2000

Druck: Pustet, Regensburg
Printed in Germany
Erste Auflage Frühjahr 2000

1 2 3 4 5 6 – 05 04 03 02 01 00

Dieses Buch entspricht fast unverändert meinen nachträglichen Aufzeichnungen von zwei Aufenthalten im bekriegten Jugoslawien. Beim Korrekturlesen (im Dezember 1999) habe ich höchstens vereinzelte Wörter gestrichen oder hinzugesetzt oder geändert; nirgends einen ganzen Satz. Natürlich war ich versucht, ein halbes Jahr nach dem Kriegsende, ein paar Anmerkungen anzufügen; habe das aber bleiben lassen, bis auf die Fußnote S. 30. Und aus diesem und jenem Punkt wurde ein Fragezeichen.

P. H.

1.

Karwochenreise nach Jugoslawien, vom Dienstag, dem 31. März 1999 bis Freitag, 3. April 1999

Am Vorabend der Abreise mit einem befreundeten jugoslawischen Ehepaar in einer Brasserie von Versailles; die zwölfjährige Tochter geht in eine französische Schule: gleich nach dem ersten Tag des NATO-Kriegs gegen Jugoslawien hat die ganze Klasse sich mit ihrer Mitschülerin solidarisiert und einen Protestbrief an den französischen Staatspräsidenten geschickt; inzwischen, fünf Tage nach dem Beginn der immer massiveren Raketen- und Bombenangriffe, werden im TV fast nur noch albanische Flüchtlinge gezeigt, es heißt fast nur noch, statt »Krieg gegen Jugoslawien«, »Krieg im Kosovo«, und die Mitschüler des jugoslawischen Kindes fangen an sich ihres Protestes gegen den Krieg zu schämen. Der jugoslawische Vater: möchte hier im westlichen Europa bleiben, hier könne er besser für seine Sache kämpfen; die jugoslawische Mutter: möchte heim nach Jugoslawien, einmal weil ihr Sohn in Belgrad lebt, und einfach nur so.

Am folgenden Tag (Dienstag, 31. März) im Flughafen Roissy beim Einstieg für Budapest vertraute, in dieser Umgebung zugleich befremdliche Gesichter: fast die ganze Mannschaft der jugoslawischen Botschaft in Paris, der Botschafter irgendwo in der eher kleinen Schar – sie alle verlassen Frankreich; einige sind schon in den Vortagen gefahren; ein einziger Mann bleibt zurück, für die Konsularangelegenheiten; er hat die anderen noch begleitet und steht jetzt schon halb abseits und im Hintergrund: Jovan K., Serbe aus dem ländlichen Kosovo, Bauernsohn, gelernter Richter, dann eher wider Willen Diplomat, erst in Belgrad, zuletzt in P., seine Frau wollte ihm nicht über die Kosovogrenze folgen, blieb mit Familie dort; nun wird er hier allein die gesamte jugoslawische Botschaft hüten; sehr schmaler, ziemlich großer Mann mit einem Hüftleiden; sehr dunkle glänzende mandelförmige Augen der byzantinischen Freskenleute von Ohrid, Dečani, Peč, und eine wie von Geburt gebrochene, dabei tragende, nichts wollende, dabei beharrliche Stimme.

Im Flug der Stapel der europäischen Kriegszeitungen; der Massenandrang der Kosovobewohner an die albanischen, mazedonischen und montenegrinischen (= jugoslawischen) Grenzen heißt hier und da noch »Exodus« und noch nicht »Vertreibung« oder »Deportation«; Hauptschlagzeile von London bis Madrid: die »Ermordung« zweier kosovo-albanischer Führer durch »die Serben«, »bestätigt« durch den NATO-Sprecher in Brüssel, Mr. J. S.; großes Photo des einen Ermordeten, eines Dichters, auf der ersten Seite der »Süddeutschen Zeitung«, usw., samt ausführlichen Würdigungen der beiden Opfer; einzig im französischen »Figaro« dazu die kleine Anmerkung, der Dichter sei aber zugleich mit seiner Todesmeldung noch beim Besteigen eines Busses in Priština gesehen worden. (Ein paar Tage später, noch kleiner, hinten in den Zeitungen, die Rücknahmen der Todesmeldungen; einer der beiden Totgesagten dazu auf einer »Pressekonferenz in London«, »voll Humor«: »Ich habe der Meldung von meinem Tod selber geglaubt!«). Im spanischen *El País* der Kommentar des dortigen Schriftstellers V.M.F. zu den Protesten und Demonstrationen der in der spanischen Liga spielenden jugoslawischen Fußballer gegen den NATO-Krieg (welchen der Glossist »inevitable« findet): »Untolerierbar, daß eine Gruppe verwöhnter Bengel, deren einziges Zeichen von Identität darin besteht, geschickt eine Kugel zu treffen, alle Medien auf sich zieht, auch, erschwerend, die Nachrichtenjournalisten der *television pública*, um faschistische Meetings zu geben … Der Spieler Mijatović, den ich bisher eher von seinen berühmten Liebschaften kannte als von seinen *goles*, sagte einen bemerkenswerten Satz: ›Kosovo ist unser.‹ Gestern sah ich ihn umwickelt von seiner Genozidschleife Ellbogen an Ellbogen marschieren mit den Führern der Extremen Linken … Dazu paßt, daß diese militarisierte *Escadron* –

ich wußte nicht, daß es im spanischen Fußball eine so große serbische *Infiltración* gab – entweder mit einem schwarzen Armband kämpft oder sich weigert zu spielen. Da sie Millionenbeträge verdienen ...« *El País*: Es war einmal eine Zeitung. In *Le Monde* der Hauptkommentar auf der ersten Seite zu den mit Kriegsausbruch aus Jugoslawien ausgewiesenen (inzwischen wieder zurückgeladenen) Journalisten der Kriegsländer, mit dem Leitmotiv: »Das erste Opfer des Krieges ist die Wahrheit.« D. h.: die westlichen Journalisten als die Bewahrer der Wahrheit; weiteres Leitmotiv, entlehnt vom Kommentator aus einer »chinesischen Fabel«: wenn der Weise mit dem Stock auf einen Gegenstand zeige, blicke der Narr, statt auf den Gegenstand, auf den Stock. Dazu Gedanke des Zeitungsleser-Narren: was aber, wenn das Zeigen auf eine Weise geschieht, daß der Zuschauer oder Leser, ob Narr oder nicht, gar nicht anders kann, als mehr auf den fuchtelnden, sausenden, klopfenden, gestikulierenden, zuschlagenden Stock zu schauen als auf das, was er zu zeigen vorgibt? Und zweiter Gedanke, meinerseits: solche Ausweisung war Torheit, »typisch serbisch-jugoslawisch«: – sie hätte schon viel früher geschehen sollen, vor vielen Jahren schon –, aber jetzt, mit dem Weltkrieg gegen das Land, hätten die Journalisten, im Gegenteil, zurückgerufen werden sollen, oder andere Journalisten hätten kommen sollen, ganz andere – aber wo sind sie? und wann werden die kommen und sehen und berichten ohne Gefuchtel? am St. Nimmerleinstag? – Kurze Klarheit über den Alpen; tief unten das »Steinerne Meer« zwischen Salzburg und Berchtesgaden, ein lückenlos weißes menschenloses Tibet; in der *Times* »The night sky in April«: »Mars reaches – 1.6 magnitude, much the brightest object in the eastern sky, as it moves westwards against the stars from Libra back into Virgo«. Europa, Europa?

Anflug auf Budapest, vom Westen über die Stadt, niedrig. Gibt es hier denn keine Friedhöfe? dachte ich. Und da war einer, unweit der Landebahn, groß wie ein Weizenfeld in Kansas oder in Illinois.

Nur fremde Gesichter unter den dichtgedrängt Wartenden in der funkelwestgeldneuen Halle des ungarischen Flughafens. Unter diesen fremden Gesichtern aber dann einige, die, obwohl mir unbekannt und im Abstand bleibend, merkwürdig nah erschienen – weit weg und zugleich in Großaufnahme: Serben oder Jugoslawen, die, so erfuhr ich von dem einen oder andern unter ihnen, aus Novi Sad, Belgrad, Niš, Priština usw. gekommen waren, um ihre aus Westeuropa zurückkehrenden Angehörigen oder Freunde abzuholen.

Zlatko, mich antupfend von hinten, schon abseits der Wartenden, seine müden, ungewöhnlich stillen Augen – sein Land bekriegt –; er war durchgefahren von Salzburg bis Budapest. Mit ihm zum Auto, meinen Rucksack, nun über zwanzig Jahre alt und allmählich einreißend, zu den zwei großen Dieselkanistern in den Kofferraum geladen; dieser, anders als bei unseren früheren Jugoslawienreisen, eher leer – Zlatko hatte seinen üblichen Riesenkoffer voll mit feingebügelten Hemden und Metallknopfanzügen zuhause gelassen. (Wir wechselten während der folgenden vier Tage wie auf Verabredung kaum das Gewand.)

Fahrt am Spätnachmittag südwärts durch das Puszta-Ungarn, zum Großteil auf teerneuer Autobahn. Wenig Verkehr, fast nur ungarische Kennzeichen. Ab und zu Blicke in den diesigen, zunächst noch fahlsonnigen Himmel: Ungarn war gerade erst der NATO beigetreten, und deren Bomber konnten den Luftraum hier zum Anflug benutzen. Dann Eintrübung und leichter Regen: verminderte Gefahr!? Auf der, etwa zehn Kilometer vor der jugoslawischen Grenze, fast unbefahrenen Autobahn nach Szeged ein rotviolett leuchtendes Häufchen: ein überfahrener Fasan; Zlatko wollte ihn mitnehmen zum Braten, jenseits der Grenze; wer wußte, wie es dort mit dem Essen wäre?

In Horgoš, der Grenzstation, die Abenddämmerung. Kein Verkehr; nichts als ein paar wartende Laster an einer Ausweichstelle, wie unbemannt (dann doch die durchweg stummen Silhouetten der Fahrer in den Kabinen). Vertraute Grenze, mehr noch für Zlatko als für mich: seit 20 Jahren war das die Heimfahrtstrecke nach Porodin, dem Dorf seiner Eltern, bei der Velika Morava. Aber diesmal fanden wir den richtigen Übergang nicht; herabgelassene Schranken da wie dort. Endlich eine Stelle mit einem ungarischen Grenzer in seinem Häuschen. Seine Frage: wohin? Antwort: Subotica, Novi Sad ... Der Grenzer: Aber hier geht es nicht nach Jugoslawien, sondern nach Rumänien! Hatten wir uns so verirrt? Auch Zlatko, vielleicht fünfzigmal hier durchgekommen, war verwirrt, fast verstört. Dann das Lachen des Grenzers: er hatte sich einen

Spaß mit uns erlaubt – natürlich war das der Übergang nach Jugoslawien, »Bomber!« sagte er, weiterlachend.

Die jugoslawische Grenzstelle einige Meter weiter; wenn andere Autos außer dem unsern, so nur, spärlichst, aus dem nahen Subotica. An jenem Abend noch mehr Grenzpolizisten als Soldaten (bei der Rückfahrt am Karfreitag das Verhältnis umgekehrt). Zoll zahlen für den eingeführten Treibstoff hinten in den Kanistern!? Ungeklärte Frage. Die folgende Ablösemannschaft für die Nacht sollte das klären – die momentane hatte ihre Amtsgeräte schon eingepackt. In der Wartezeit Bezahlung der Einreisegebühr. Dann Sitzen in der Grenzgaststätte. Ich fast überrascht, daß man dort zu essen bestellen konnte. Ein paar Vereinzelte im Gastraum, alle schweigend, an den sauber gedeckten Tischen beim Fernsehen. Die Nachrichten – an der Grenzstelle Horgoš beginnt die Vojvodina mit ihrer großen ungarischen Minderheit – zuerst auf ungarisch, dann erst auf serbisch. Das gebombte Pančevo, das gebombte Priština, das gebombte Kragujevac (wo im Zweiten Weltkrieg die Deutschen, als Vergeltung für Partisanenangriffe, die große Massenerschießung der halbwüchsigen Schüler veranstaltet hatten). Dann im TV das, was im westlichen Sprachgebrauch allenthalben »Propaganda« heißt: Soldaten, abwechselnd mit Volkstänzern; Flüsse, Berge, Ebenen, Schlote, Kähne, und dazu das immergleiche, nahezu sanfte jugoslawisch-patriotische Lied, und das mindestens stündlich wiederholt, alle die folgenden Tage lang. Und erstmals da mein Gedanke, es gebe eine Art der »Propaganda«, die nichts Gemachtes oder gar Bezwecktes sei, vielmehr auch etwas Naturgewachsenes sein könne, als »Propaganda« wahrnehmbar allein durch Verbreitetwerden, Propagiertwerden. Vorstellung: dieses Land sieht sich von einer unbezwingbaren Übermacht bedroht, umzingelt, eingekesselt – und was tut es? Es zieht sein ältestes und feiertäglichstes Gewand an, und warum nicht seine schönste Volkstracht?, und es tanzt seine ältesten und traditionellsten Tänze. Es singt. Es zeigt und erzählt, so bedroht, die friedlichsten und unschuldigsten der Bilder von sich selbst – auch wenn diese sonst oft lügen, jetzt, im Not- und Bedrängnisfall, lügen sie einmal nicht –, es weist hin auf die, welche es, das Land, schützen werden (wenn sie dazu imstande sind ...), die Soldaten, es zeigt seine Flagge, seine Landesfarben, vor dem wie freien weiten bomberlosen Himmel. (Auch in John Fords »Die Früchte des Zorns« tanzen die allseits von Feinden umzingelten Aussiedler ihren vielleicht unter anderen Umständen lächerlichen und längst obsoleten Reigentanz.) Ja, Propaganda. Solche Propaganda: ja – für einmal ja! Und selbst die dazu wiederholte Propaganda-Formel von der »faschistischen Aggression der NATO«: für einmal ja zu solcher Formel. Propaganda-Wahrheiten also statt Propaganda-Lügen? Nein. Solche Art Propaganda, in solcher Periode, in solcher Lage des Landes (Jugoslavija), als eine

Bild-, Wort- und Tonfolge jenseits von Lügen und Wahrheiten (die in diesem Fall wieder nichts als Schauseiten von Lügen sein könnten) – eben als etwas (fast) rein Natur- und Notgewachsenes, das gar nicht erst in eine besondere Form, Propaganda-Form, gebracht, sondern einfach bloß landesweit ausgestrahlt zu werden braucht. Eine Weise der Propaganda ohne Tatsachen-Vortäuschung: die weggelassenen Tatsachen oder Wahrheiten denkt sich ohnehin jeder Zuschauer und Zuhörer, ein jeder nach seiner Art, hinzu. Dagegen die Propaganda der westlichen Kriegsgroßmächte und der mit ihnen, zum grausigen Staunen, wie geschmiert zusammenspielenden Medien: ein Trommelfeuer aus sogenannten Informationen, wofür, mitsamt den ins Auge springenden, die Augen anspringenden paar Wahrheiten (dazu s. o.) noch einmal das verbrauchte Wort »Propaganda-Lügen« auffrischbar wird. Auf der Seite der Ohnmachts-Macht demnach Propaganda ohne jede Information, auf der Seite der Supermächte Propaganda im

Gewand der Superinformation, oder eher als eine Art Parallelbeschuß mit Wörtern und Bildern, die »Information« bloß vortäuschen, aber umso besser, in jeder Hinsicht, verkaufen. (Was machen die westlichen Medien nur mit ihren riesigen Zusatzeinnahmen durch ihren Mit-Krieg gegen Jugoslawien? »Massaker«, »Konzentrationslager«, »Genozid«, »ethnische Säuberung«, »Massenvergewaltigung«, »Soldateska«, »Schlächter«, »proserbisch«, und dazu die Großaufnahmen von »Händen an Stacheldraht« (auch ohne Stacheln) »Träne an Wimper«, »Greisin mit brechenden Augen«. Die Bilder gleichen einander, die seinerzeit aus Bosnien jetzt denen von der mazedonischen, albanischen, montenegrinischen Grenze? Nein, die Bild-Einstellungen, die Bild-Winkel, die Bilder-Machschemata gleichen einander. Was sind das für Wahrheiten, die vor allem aus Großaufnahmen und Zuschlag-Wörtern bestehen?

Rückkehr von der Gaststätte zur Grenzerbude, zum Bezahlen des Zolls für die Treibstoffeinfuhr (40 Liter). Chef der Ablösemannschaft: »Nichts bezahlen« – erster Vorteil dessen, der Pro- oder Philoserbe ist, oder, wie es im Land selber heißt, »prijatelj srpskega naroda«, Freund des serbischen Volkes. Und mit dieser letzteren Propaganda-Formel kann ich sogar einmal einverstanden sein. O Sprache. »Das erste Opfer des Krieges ist die Wahrheit«? Nein, die Sprache. O Sprache.

Ein kleiner Augenblick dann im Freien, noch im Grenzbereich, vor dem Einsteigen und Weiterfahren. Nacht. Kein Auto sonst mehr. (Das war einmal die katastrophal befahrene jugoslawische »Gastarbeiterstrecke«, mit handfächelnden Prostituierten von der österreichisch-ungarischen Grenze bis zur ungarisch-jugoslawischen hier, mindestens jeden Kilometer eine oder mehrere dieser mit ihrer typischen Fingerbewegung zum Stehenbleiben ladenden Frauen – heute auf der ganzen

Strecke von Budapest an gerade noch zwei.) Milde Vojvodina-Ebenen-Luft. Aufklarender Himmel ... Seltsame Ruhe nach dem unruhigen, wie zerrissenen Tag, erst in dem Pariser Vorort, dann im Flugzeug über Europa, dann auf der Fahrt nach Südungarn: Ruhe – denn »immerhin« (das sagten Zlatko und ich nun fast gleichzeitig) »sind wir jetzt hier, in Jugoslawien.« Seltsame Ruhe. Kein Laut an der Grenze als ein gewaltiges Froschkonzert im westlichen Horizont, wo die Donau fließt und eine andere Grenze bildet, die zu Kroatien.

Über Nacht in Palić, dem pannonischen Weinort vor Subotica, an einem der wenigen natürlichen serbischen Seen. Im kleinen Hotelzimmer, im Promenadenabstand zum See, gleich an einem Waldrand, läßt sich die Tür nicht versperren. An der Rezeption ein Korb mit Äpfeln, von denen ich einige vor dem Zubettgehen verzehrte, und dann noch einen, später, zur Bombenalarmsirene, und dann noch einen, bei wieder einem Sirenengeheul (ich erfuhr erst danach, daß das nun die Entwarnung war) im Morgengrauen. Aber keine Detonation – diese Hörenswürdigkeit blieb uns während der ganzen Reise so ziemlich erspart. Langes Zusammensitzen oder eher -hocken zuvor in der einzig offenen Seegaststätte, bis vor Mitternacht, wir zwei bald die einzigen Gäste. Der Saal mit Ausmaß und Form eines Buswarteraums – der aber (mehr noch als das Lokal an der Grenze zuvor) gerüstet ist wie für eine – ausbleibende – Festgesellschaft, samt den weißgedeckten Tischen, dem ersten Flieder in den Vasen und den kunstfertig gefalteten und aufgezwirbelten Stoffservietten. Der Wirt hat sich bald zu uns gesetzt und erzählt: lange wird er den Betrieb nicht mehr halten können, fast alle andern am See sind schon aufgegeben, die Ungarn kommen nicht mehr, und die Einheimischen ... Und dann hocken sich auch Kellnerin und Köchin zu uns: die eine ist aus Niš in Südserbien und war früher Dispatcherin, dispačarja, bei der Bahn, die andere stammt aus der Gegend, ungarische Muttersprache, Mann ohne Arbeit, die Kinder warten mit dem Vater auf sie in Subotica, sie ist katholisch, die dispačarja orthodox. Vor zwei Wochen – Palić ist (war) das Trainingscamp der jugoslawischen Fußballmannschaft, wie Clairefontaine für die französische – hat auch Predrag Mijatović noch hier trainiert, für ein Spiel, das dann nicht mehr stattfand, und der große jugoslawisch-montenegrinische Spieler hatte auch hier im Lokal gesessen. Die Köchin, der Wirt, die Kellnerin, Zlatko, ich: wer umarmte beim Auseinandergehen für die Nacht wen? Mir ist jetzt, als hockten wir fünf dort immer weiter zusammen. Sweet illusion ....

Zur Morgengrauensirene den Hotelzimmer-Fernseher eingeschaltet. Es ist der 1. April 1999, und die Nachrichten kommen über Satellit, von französischen, deutschen, luxemburgischen und CNN-Kanälen. Inmitten des Morgengraulichts, das vom Wald durchs Fenster kommt, der knallbunte Bildschirm mit, trotz der Frühe, braungebrannten oder -geschminkten Sprechern: Primakov, nach Gespräch mit Milošević weiter nach Bonn geflogen; dort »eisige Atmosphäre« mit dem deutschen Kanzler S., dieser: »Einstellung der Angriffe – dann verhandeln? Unannehmbar!«; fette deutsche, höfisch-verlogene französische, den Raum (bis in die hintersten Winkel des Planetensystems) verdrängende amerikanische Stimmen, das Schnarrschnattern Donald Ducks zu dem von Menschenjägern mutiert. Fragmente: »Kampfhubschrauber APACHE … serbische Panzer jagen …« Zlatko dann dazu: »Zuerst haben sie die Apachen ausgerottet, und dann nennen sie ihre Luftkiller nach dem von ihnen ausgerotteten Volk.«

Morgendliches Gehen allein, zuerst am Seeufer, dann im Wald. Pferdehufspuren dort. (Erinnerung, daß in der Nacht, zum Sirenenvielklang, vor dem Fenster Hufe geklirrt haben.) Sonne, Blau. Leerer See, ohne Boote. Im Wald noch Buschwindröschen. Auf den fernen Straßen ab und zu ein Bus, Richtung ungarische Grenze (YUGOTRANS, Ausreisende? Abholer?), oder ein Traktor. Genauso vereinzelt Radfahrer wie müßig unterwegs, am See entlang. Eine Frau mit Kinderwagen. Ein Kind allein. Kein Laut. Keine Stimme. Von einer riesigen Wasserratte sich wellender See. Vorstellung einer Menschheit am Ende? Am Ziel? Welt-Ende als endloses, lautloses Umfahren des leeren leuchtenden Sees unter dem blauenden, unendlich schön blauenden Himmel?

Aufbruch Richtung Belgrad, immer noch südwärts, noch gut 200 Kilometer. Bald die erste Sperre und Umleitung. Eine Zeitlang auf der Autobahn, an Subotica vorbei – Silos und Türme dort im Westen –: der Blick geht fast mehr nach Westen als geradeaus. Und immer wieder der Blick auch nach oben. Trotz des Vormittags kaum Verkehr in der Vojvodina, und wenn, fast nur entgegenkommender. Eine Zeitlang auch ist uns, als seien wir die einzigen, die auf die jugoslawische Hauptstadt zufahren. Auf den weitgestreckten Feldern, an deren Rand die märchenkräftig verschachtelten, obstbaum- und gartenumsäumten pannonischen Einzelgehöfte, nicht selten Frühjahrsarbeiten in Gang, maschinell oder handweise. Und zugleich, vielleicht auch durch den starken Dunst über der Tiefebene, einen diesigen, gestaltenschluckenden Halbnebel, der Eindruck, die Erde liege brach, unbearbeitet, unbearbeitbar, und verflüchtigte sich, je länger wir so fahren; werde aufgelöst in diesem bodenbedeckenden Dunstsäurebad. Der stärkste Eindruck freilich: dieses ganze Land da, vor, hinter uns und um uns herum, sei, zwischen zwei Sirenentönen, hingestreckt unter dem unverändert blauenden, unverändert leerbleibenden Himmel, hingestreckt zum Gebet; das ganze Land Serbien da, das ganze Jugoslawien (»Restjugoslawien«, laut der zeitgemäßen Bombersprache, und bald nur noch Rest-Rest-Jugoslawien) sei in diesen März- und Apriltagen des Jahres 1999 zu einem einzigen stummen, umso mehr aber verkörperten Gebet geworden. Selber schuld! Selber schuld? Der Schuldige, die Schuldigen, das sind doch die Leute hier im Land? Was sagt das Land, wie es da um uns herum braun, blau – die Wasseradern – und vor allem grünend (genau wie im Propagandafilm) in Erwartung des Raketenfeuers, auf die Feuerreise geschickt hinter den siebenmalsieben Bergen im fernen Mittelmeer, im Gebet, *als* Gebet liegt? Selber schuld? Die von hier selber schuld? Was sagt das Land? – Das Land sagt gar nichts, es liegt und streckt sich nur noch um eins stummer, weitet sich stumm, und so sagt es zwar nichts, aber – was nachhaltiger ist – es bedeutet: Nein, nicht selber schuld! Nicht schuld! (Achtung: Antirationale Mystik!)*

* Gab es das, Erbarmen mit einer Gegend, einem Landstrich, einem Land? Ja, das gab es. (Eingefügt beim Korrekturlesen, Dezember 1999.)

Später die nächste Sperre und Umleitung: weg von der Autobahn, dem autoput, und westwärts, und noch einmal westwärts, und dann endlich wieder südwärts, auf der »stara cesta«, der alten Straße, zuerst noch parallel zum autoput, über die Dörfer und die Kleinstädte, durch diese in tausend Hin- und Herkurven mittendurch. In solch einem Großdorf, im langwierigen Sichhindurchwinden beinah dann mit dem Anschein einer Viertelgroßstadt, ein erster Halt. Ortsname: »Indjija«; an den östlichen Ausläufern der Fruška Gora. Immer schon hatte es mich, auf den Fahrten zuvor, hierher gezogen, allein schon des Namens auf den Richtungsschildern wegen. Und jetzt bin ich dank des Krieges (Clausewitz: »Der Krieg ist das Gebiet des Zufalls«) in Indjija. Und? Heilige Kühe dort auf der Alten Straße, parallel zum Ganges? Ja, Kühe dort auf der stara cesta, und nicht unweit der Strom, die Donau, der Ganges, gerade überquert auf einer der mehreren wunderbaren und meisterhaften Brücken von Novi Sad (eine Woche drauf steht nur noch eine einzige, und eine Woche später gar keine mehr). Sitzen in der eher fahlen Sonne vor einem Café namens »Getto«. Die Kellnerin – sind wir seit Tagen die ersten Gäste? – hat nicht einmal einen (1) Dinar zum Wechselgeldherausgeben – hat überhaupt kein Geld. Das Café liegt an der Hauptstraße (aber jedes Stück Straße hier ist Haupt- und bleibt zugleich Dorfstraße) zwischen zwei Bestattungsgeschäften mit Kränzen an den Fronten: die müssen hier einen großen Friedhof haben? mitten im Ort? Ich fand den Friedhof aber nicht.

Weitere Sperren und Umleitungen, westwärts, und wieder westwärts. Wir waren bald nah an der Grenze zu Kroatien; Richtungszeiger sich häufend: ZAGREB. Bei Ruma dann aber wieder unsere Südrichtung, und danach auf die andere Landes-Autobahn, die einst die Hauptstädte miteinander verband, endlich ostwärts, auf BEOGRAD zu.

Am frühen Nachmittag, Himmel samt serbischen Ebenen klargeworden, links am Militärflughafen Batajnica, dann rechts am Zivilflughafen Surčin vorbei: beide mehrmals bombardiert und raketiert, nach der Angriffslogik, die Faust in Faust mit der »Logistik« marschiert, beide gleichermaßen Militärobjekte – Logik, wonach auch ein Maisfeld und ein Hühnerstall bombardiert werden können, weil Mais, Hühnerfleisch und Eier als Proviant für die feindlichen Soldateska dienen (Tod demnach den Zugpassagieren auf der Brücke von Grdelička Klisura, weil die Strecke da, Beograd–Thessaloniki, eine »Nachschub«-Linie ist; Tod den Arbeitern in der Zastava-Fabrik vom Kragujevac, weil dort neben den Autos angeblich auch »Pistolen« fabriziert werden). Mein Vorsatz da und später, alle die Namen der von den »Europäern« und den amerikanischen Desperados in Flammen geschossenen Menschenorte auswendig zu lernen, Batajnica, Pančevo, Surčin, Priština …, wie ein Gedicht – nur daß dieses Gedicht inzwischen schon viel zu lang ist zum Auswendiglernen. Nach A. keine Gedichte mehr? – Wenn das Gedicht »die Gliederung eines Aufschreis« ist, dann nach Auschwitz und zu Jugoslawien gerade Gedichte, nur noch Gedichte!

Rast dann, kurz vor Beograd, in einem niemandslandartigen Zwickel zwischen Autobahn, Zu- und Abfahrtsstraßen – wobei die Abfahrten, wie nicht selten in Jugoslawien?, immer wieder im Kreis führen, und die Zufahrten am Ziel vorbei. Notdurftverrichten in einem Abfallwäldchen des Zwickels, wo der Weißdorn blüht – später, tags darauf, im östlichen Hügellandserbien ein das ganze Land durchziehendes Hochweiß. In diesem terrain vague eine wie verlassene Gaststätte, daneben ein Hotel, ohne ein Auto davor. Das Lokal ist aber geöffnet, und in seinem dunklen Innern wartet eine ganze Mannschaft, bereit zum Bedienen, oder auch nur zusammengeschart, das alltägliche Berufsleben unbeirrt oder kindlich – kindisch? nein – weiterspielend. Und die Mannschaft – Frauen, Männer, die meisten Flüchtlinge aus Bosnien und der Krajina, aus dem Vorkrieg – ist sofort »einsatzbereit«. Ein Tisch wird für uns ins Freie getragen, und wir bekommen eine Jause aufgetischt, wie sie gastfreundlicher nicht aussehen und schmecken kann, samt montenegrinischem Krstać-Wein. Und da wieder, und so stark wie zuvor nie, meine Fassungslosigkeit allein schon über den Mißbrauch der unvergleichlichen balkanischen Gastfreundschaft durch die gesamteuropäischen Zugereisten, im Kriegführen jetzt gleichsam tätlich geworden: Eindringlinge, oft und oft märchenhaft bewirtet, aber ohne eine Spur von Dankbarkeit, als Usurpatoren diese wundersame und kunstvolle Gastlichkeit des Balkans finsterstarr bloß so einheimsend, als handle es sich um einen Zehent, eine Zwangsabgabe, und sie, die Eindringlinge, betrachteten den Balkan als »unseren Boden« (so der französische Präsident Ch. bei seinem Kriegsgebrüll) – das jetzige Feuerspucken demnach nichts als der Schlußpunkt der deutschen, französischen, spanischen, britischen Verächtlichmachung und des Vom-Tisch-Wischens des südslawischen Kodex der Gastfreundschaft (sollte ich ein Grundgesetz nennen, so wäre das von der Gastfreundschaft das erste, das ursprüngliche, aus dem sich alle anderen ableiten).

Und später noch ein weiterer Umweg vor der Einfahrt in die jugoslawische Hauptstadt – als hätten gerade die Sperren und Umleitungen vorher uns auf diese Umwegsidee gebracht –; auf möglichst vielen Umwegen zum Ziel. Und so zum großen Vorort Zemun an der Donau (ein paar Tage später auch auf ihn die ersten Bomben, mitten auf die Hauptstraße, und weiter stadtaus auf einen Reitstall, »Zemun«, Zeile im lang-langen Gedicht): und dort wieder, wie zur Zeit des Embargos, kein Schiff auf dem Strom, wie er da ostwärts fließt, an Beograd vorbei, auf Smederevo zu, dort noch breiter, und ohne einen Laut, wie er ein paar Tage später, als die Raffinerien von Smederevo in Kriegsblüte standen (Achtung: Kriegspoesie), immerzu lautlos weitergeströmt sein wird, »Smederevo«, Zeile im Gedicht. Stehen in Zemun lange am Wasser. »An den Flüssen stehen wird Frieden sein«?

Nach Beograd hinein erst in der kurzen Stunde der südlichen Abenddämmerung, über die »Gazelle« (Name einer der Save-Brücken – danke, NATO, daß ihr sie dann verschont habt). Verwunderung über die Unversehrtheit der Weltstadtsilhouette auf dem langgezogenen Zweistromkegel; »besonders unversehrt«, »leuchtend unversehrt« (nicht allein der vergoldeten Kirchenkuppen wegen).

Vorabend im wieder kleinen Zimmer der oberen, der Aussichts-Etage des Hotels »Moskwa« mit West-Blick. TV angeschaltet: kein Satellitenfernsehen, hier im Hotel zumindest, keine West-Propaganda mehr; nur noch die landeseigene – immerhin nicht die West-Stimmen; kleine Wohltat durch Abwesenheit. Bilder von Leuten in Luftschutzräumen, dann von Kosovo-Albanern, über die Grenze nach Norden, was, nach Serbien?, nach Serbien geflüchtet (in Beograd leben seit langem etwa 100 000 albanesische Jugoslawen), warum? – gehorsame?, jedenfalls monoton wiederholte Antwort: Flucht vor den Nato-Bomben. Propaganda! Und trotzdem (müder Gedanke): warum auf all den Flucht- oder Vertreibungsrichtungsskizzen der Westmedien den Pfeilen Richtung Mazedonien, Albanien, Montenegro nicht auch einen, meinetwegen weniger fetten, Pfeil Richtung Norden, Richtung Serbien, anfügen? – Dann die, ebenso monotonen, Bilder von den Bomben»einwirkungen« im ganzen Land, die in der Regel sprachlosen, oft kamera-abgewandten Betroffenen – und ich bin davor momentweise eingeschlafen, so wie es mir, in der Hilflosigkeit angesichts des Elends, nicht selten im Leben passiert ist, siehe im Lukas-Evangelium die Szene der Jünger auf dem Ölberg: »und sie schliefen ein vor Betrübnis«. – Und wie steht es mit deiner Betrübnis über die »Massaker«, die »Massenvergewaltigungen«, den »Genozid«? Achtung, Einseitigkeit! – Vergleiche aber dazu eine der letzten von über tausend flächendeckenden Karikaturen oben auf der ersten Seite von »Le Monde«: Slobodan Milošević in häßlicher Regelmäßigkeit als schlachtendes Schwein dargestellt, Kinderblut von ihm triefend, oder ähnlich der zahnlose, bartstoppelige »Serbe«, kopftuchliebe Kleinmenschen aufschlitzend, Tag für Tag – die erwähnte Zeichnung (oder wie so ein Produkt nennen?) des Karikaturisten Pl. zeigt zwei Waagschalen (einen Tag nach dem massenmörderischen »Luftschlag« eines NATO-Fernkampfhelden auf den Personenzug bei Leskovac): in der einen dieser Schalen die auf Serbien (nie »Jugoslawien«) abgefeuerten Bomben und Raketen, ein mittlerweile, selbst für den mehr als parteiischen Karikaturisten, ganz schöner Haufen, in der anderen Schale aber die »zweifellos« (»sans doute«, das neueste Modeschlagwort, wie »mit

Recht«, »à juste titre«) von »dem Serben« massakrierten Kinder und Kopftuchmägdlein – und was tun die Schalen? Dreimal raten: zweifellos und mit Recht ist der Bomben- und Raketenhaufen, verglichen mit den Massakrierten und den Deportierten, so leicht, daß er in der Zeichnung Pl.s hoch nach oben schwingt – er wiegt fast nichts; wozu auch die anderen Werke jenes Pl. auf der ersten Seite des Weltblatts passen – die kartätschten Bauwerke in Jugoslawien, auch wenn sie mitten in den Städten stehen, werden da immer so dargestellt, als seien sie, die zu zerstörenden, von allen den anderen Bauwerken von vornherein isoliert gewesen, mit nichts als dem weiten Luftraum um sich, und das mitten in der Großstadt; höchstens ein paar (leere) Autos daneben. Einseitigkeit? Ausgewogenheit! – Die Richtung des Weltblatts und sämtlicher anderer Weltblätter in diesen Wiegebildern auf Punkt und auf Strich gebracht.

Nachtwerden. Oder, einmal mit einem englischen Wort: Nightfall. Allmählich Lautloswerden der ganzen Zweimillionenstadt. Nicht gerade Verdunkelung, aber sehr wenige Lichter, jedenfalls in den Wohnhäusern. (Eine Kriegsbraut des *Spiegel*, die sich von dem – gewiß dunkleren – Priština Tage später diesem Beograd nähert, wird in ihrem Schrieb den Anblick der Stadt mit dem von »Las Vegas« vergleichen.) Rezeption und Bar des Hotels »Moskwa« im Düster. Die Bar wird gleich schließen. Fast alle Angestellten werden sich auf den Heimweg machen. Eine kleine Zeitlang aber können wir noch unten zusammenhocken, inzwischen zu dritt: dazugekommen ist Boris Iljenko, ein Belgrader »Freund« – würde ich schreiben, wäre dieses Wort nicht durch noch und noch Schein- und Scheinheiligkeitssolidarisierung unbrauchbar geworden. Boris Ilj. kümmert sich seit vielen Jahren schon um die jugoslawische Kultur im Ausland, ist Direktor des Instituts, das in Deutschland nach Goethe heißt, in Frankreich »Centre Culturel ...«, in Spanien »Instituto Cervantes« etc. Wir haben uns immer eher auf französisch verständigt, das war Boris' geläufigste fremde Sprache. An diesem Abend des 1. April 1999, des 9. Tages des Krieges gegen Jugoslawien, aber bringt B. kaum mehr ein französisches Wort heraus, auch kein deutsches oder englisches (obwohl er auch diese Sprachen halb- und viertelwegs kann), und nicht etwa absichtlich oder vorsätzlich, sondern weil ihm sämtliche fremde Sprachen nach dieser gut einen Woche Bombenkriegs entfallen sind – er stammelt sie höchstens noch – merkwürdiges Stammeln eines kräftigen Sechzigjährigen. Mit einem Lachen lüftet er die Amtskrawatte: am Hemd fehlen ihm die obersten Knöpfe. Und sein berühmtes / bewährtes Kulturattaché-Case ist halb zerschlissen. Boris Iljenko stammt aus der Vojvodina. Sein Vater – siehe Name – kam aus der Ukraine, die Mutter war Serbin. Verheiratet, eine Tochter und ein Sohn, beide noch Studenten. Seit den Bomben schläft die Familie kaum mehr zusammen: die letzte Nacht zum Beispiel hat seine Frau im Keller verbracht – die Tochter war mit einer befreundeten Familie im Schutzkeller eines anderen Belgrader Stadtteils – der Sohn hörte die Nacht lang in einer Freundeswohnung gemeinsam mit mehreren Jungen Musik – und er, Boris ist allein, trotz Bomben usw., in der Familienwohnung geblieben.

Mein (alter) Widerwillen gegen das Wort »Spaziergang« – aber für unser Gehen zu dritt, dann zu viert und zu fünft, durch das nächtliche, fast leere, seltsam »erwartungsleere« Beograd durch die Ulica Kneža Mihajlova auf die Kalemegdan-Festung zu, war »Spaziergang« einmal angebracht. Das McD.-Restaurant, ohne Scheiben, verbrettert, die Leuchtschrift zerschlagen. (Dazu ein paar Tage später in einer französischen, spanischen, holländischen Zeitung ein anderes Westkriegsblitzmädel über die Konzerte der jungen Belgrader auf dem Platz der Republik, wo die Journalistin offenbar nur hingegangen war, um belastende Indizien gegen die verblendete serbische Jugend auszuschnüffeln: »nach den Konzerten gegen die USA ist der Platz voll mit leeren Coca Cola-Büchsen« – und für einmal dazu hier: Nein, das ist nicht wahr. Das glaube ich nicht. Die Bomben haben immerhin bewirkt, daß wenigstens eine Jugend auf der Welt geheilt ist von CC und McD. – (Achtung, antiamerikanisch!) Auch die Fenster des französischen und des deutschen Kulturzentrums eingeschlagen, die McInt., Microsoft usw. darin ausgestöpselt, zusammengeschoben, sonst aber – in dieser einen Nacht jedenfalls – kaum angerührt, wie unberührbar, die Räume ungeplündert: Schaubild einer ohnmächtigen Verachtung – Ohnmacht, durch welche die Verachtung umso spürbarer wird: »Für uns ist euer Up-to-date-Zeug ab sofort nur noch Gerümpel«. (Achtung, Kultursturm.)

Langsames nächtliches Spazierengehen in unbestimmter Detonationserwartung, seltsames Flanieren in der nun zum dritten Mal in diesem Jahrhundert bombardierten serbischen und jugoslawischen Hauptstadt; die Zielscheibenabzeichen der spärlichen Flaneure, an die linke Brustseite geheftet, vielleicht ein wenig groß, »protzig« (hätte man für ein anderes Abzeichen sagen müssen); in der Mitte der Zielscheiben in der Regel ein Herz oder ein Fragezeichen.

Sehr spätes zu-Abend jenseits der Save in Novi Beograd, im Restaurant (dieses als das fast einzige in der ganzen Kapitale noch geöffnet) eines Internat. Hotels (dieses, voraussichtlich, sicher). Hier auch das einzige Zusammentreffen mit einem Politiker – der eigentlich keiner ist, vielmehr ein Theaterregisseur und -prinzipal, Ljubiša Ristić, der seit Jahren dabei ist, eine ehemalige Zuckerfabrik nah der Save in einen Theaterkomplex umzubauen, von innen nach außen, so daß außen noch die Fabrikruine sichtbar ist, während, je weiter man ins Gebäude vordringt, desto nagelneuere und farbfrischere Räume sich auftun, modernste Arenabühnen, Ballettsaal, sogar ein Hotel im tiefsten Ruineninnern. Zwischenzeitlich ist Ristić Vorsitzender (oder »predsednik«) der jugoslawischen Linkspartei JUL, vielleicht in Abwandlung des Marxistenspruchs, wonach jeder alles können müsse: »In Jugoslawien kann jeder alles werden.« Ljubiša ist ein kleiner, magerer, behender Mann, zu dem der Riesenschnauzbart ebenso gut paßt wie das dauerklingelnde Handtelefon; in Berlin, Wien, Paris, N.Y.C., Madrid ebenso zuhause wie in Mexico und Guatemala City. Eine eigenartige Heimatlosigkeit geht von ihm aus in dieser Kriegsnacht, mit einem grundandern Akzent als bei unserer ersten Begegnung im Fastkriegsherbst zuvor, da die Bomben, am 12. Oktober 1998, noch einmal von Jugoslawien abgewendet worden waren (sicher dank des Engagements des amerikanischen Sonderbotschafters R.H.): heute ist die Heimatlosigkeit des Theatermenschen bestimmt weniger von dem üblichen, gleichsam künstlerischen Einverständnis damit als von einem gar nicht zu dem Mann passenden, beinah kindischen Nichtverstehen: seine Generation war doch die der 68er, er kennt viele der Akteure jener Jahre persönlich, sie waren, oder sind?, seine »Freunde« (so wie die 68er eben »Freunde« waren), und er war ein Akteur wie sie, hier in Beograd genauso in aller Munde wie sie in Berlin, L.A. oder Paris. Begeistert evoziert er den italienischen Verleger F., auch so ein Freund, der, wie er hier, zum Revolutionär wurde und beim Sprengenwollen eines kapitalistischen Hochspannungsmastes sich selber sprengte. Und nun sprengen Ljubišas einstige Mitsaboteure, -revoluzzer, -demonstranten, -barrikadenleute hier, in seinem Land Jugoslawien, die Brücken, die Raffinerien, Schulen (versehentlich), Wohngegenden (Neben-Tote, Seiten-Opfer) in die Lüfte, grünbemalte Killer in der Staatsmänner- und -frauenrolle, im Namen der Menschenrechte und der Ethik. Möglich, daß Ljubiša Ristić denkt: »In der zeitgenössischen Ethik kann jeder alles sagen – Postmoderne statt Marxismus – drehen, wenden; sich die Dinge zurechtreden, nach Belieben *sein* Ding drehen; das Recht aber ist etwas anderes; Recht ist Recht ist Recht.« Aber der Gospodin oder Genosse Ristić sagt nichts dergleichen; auch er, samt Handtelefon, spielt Staatsmann wie seine ferneuropäischen Freunde, spielt weiter, Freund der 68er und bannerträgerischer Ober68er zu sein; spielt weiter seine Begeisterung für die Roten Brigaden, seine Freunde, die in den italienischen Gefängnissen sitzen, indes hier im Hotel von Beograd die paar im Land verbliebenen Eurojournalisten von weitem unseren Tisch beäugen (Achtung, Paranoia!) und von der speziellen Heimatlosigkeit dieses kleinen Mannes nicht einmal den Wind eines Winds bekommen.

Im ersten Morgengrauen ungefähr zum vierten Mal in dieser Nacht erwacht oben in der Bel-Etage des Hotels »Moskwa« – nicht von den Explosionen (das war vorher und nachher), sondern von einem seltsamen Geheul, das an sämtlichen Horizonten rund um die ganze Riesenstadt kurvt: keine Sirenen (die habe ich wohl verschlafen, wie auch meinen »Ritterschlag«, von dem ich erst später aus den Zeitungen meiner Mutter?sprache erfahre), eher ein Klang wie von im gesamten Umkreis Beograds unisono angelassenen Tausenden Düsenmotoren, ein hohles, stetiges, hochtönendes, mit der Zeit auch den Zuhörer höhlendes Rundumgedröhn. In diesem Geheul hinab auf die fast leeren Bulevars (serbisch). Sonnenaufgang, Bläue, Bombenwetter! Hinab zum »Zeleni Venac«, dem großen balkanischen Grünmarkt: die Stände fast leer, keine Orangen und Bananen mehr wie im letzten Herbst, nichts als hier und dort ein paar Apfel- und Kartoffelhäufchen; einzig die Bassins mit den dicken Donau- oder Save-

(oder Drina-?) Fischen voll wie je. Ein paar von den andersgelben serbischen Nudelnestern gekauft und bergauf durch die morgenkalte Hauptstadt gewandert. Viele Schaufensterscheiben, vor allem die der Apotheken, mit breiten Bändern überklebt, gegen die Detonationswellen, und so auch nicht wenige Wohnungen. Aussage einer Inhaberin: »Durch eine Bombe sterben, warum nicht? Blöd wäre es aber, zu sterben durch Glassplitter.« Frischaustreibender Ginkgo Biloba im Park zwischen dem jugoslawischen und dem serbischen Parlament. Versuch, an einem der Straßenkioske einen Kamm zu kaufen: zunächst Blättern nach dem Wort im Dictionnaire – wobei eine Passantin mich anspricht: »Warum sind Sie jetzt hier? Sie nützen uns mehr, wenn Sie zuhause bleiben!« Ich: »Erst einmal brauche ich einen Kamm und suche das serbische Wort dafür.« Die Frau (deutsch sprechend mit einem schweizerischen Akzent – hat bisher für die SWISSAIR gearbeitet – vorher habe sie, angestellt in einem Frankfurter Unternehmen, eher mit hessischem Akzent gesprochen): »Vielleicht habe ich einen zweiten Kamm dabei. Aber finden Sie zuerst nur das Wort.« Ich fand: »Češalj!« Die Frau: »Richtig.« Ich zu dem Mann im Kiosk: »Imate češalj, molim?« Mann: »Nemam.« Und jetzt erst kramt die Frau nach ihrem Zweitkamm und schenkt ihn mir. Ihr Name: Svetlana Vrbaski. Sie gibt mir eine Nummer, wo ich sie im Notfall anrufen kann: sie wohnt im Augenblick nicht in der eigenen Wohnung, diese liegt zu hoch oben; Neid aller Bombenbekriegten auf alle, die im Parterre oder im Souterrain wohnen.

Lange Vormittagsstunden draußen auf den Beograder Straßen mit dem Gefühl, in einer sterbenden Stadt zu sein. Die wenigen Passanten wie erschöpft und lebensmüde; Zlatko, den ich viel später erst treffe: »Man sieht ihnen auch an, daß sie hungern.« Zwar sind die Nahrungsgeschäfte geradezu prunkvoll, aber wer kann sich diese montenegrinischen

Schinken noch kaufen? Sterbende Stadt? Gegen Mittag, in der Sonne, ein Umschwung, nicht erst mit den Entwarnungssirenen (die keinen Passanten auch nur im geringsten zu erleichtern scheinen): die sterbende Stadt wird wieder lebendig, oder neu lebendig, vorübergehend? so wie Sterbende zwischendurch zu einem unerhörten, einem reinen, einem Leben auf seidenem Faden erblühen? »Wie auch immer« – Zlatkos, des Serben, bevorzugte deutsche Wendung, mit der er jeweils zeigen will, wie elegant er in der fremden Sprache haust –: die Passanten auf dem Terazije-Boulevard oder »wo auch immer« im Zentrum vervielfachen sich unversehens nicht bloß sprunghaft und ins Springlebendige, sie wirken auch verwandelt, schon äußerlich: es ist, als hätten sie alle, auch die etlichen Auf-dem-Zahnfleisch-Geher und Abgerissenen vom frühen Morgen, sich umgezogen und ihre schönsten Gewänder angelegt. Selbst ohne Schmuck wie geschmückt, so ziehen diese Tausende jetzt auf den straßenbreiten Gehsteigen vorbei, dabei jeder für sich allein, in seinem persönlichen Rhythmus (der zu einem Massenrhythmus, einem eher kläglichen, armeleutehaften, wird, sowie unversehens an einem Kiosk die größte der Kriegsmangelwaren, die Zigaretten, angeliefert werden). Nicht wenige der Passanten gehen in einem Festkleid, das wie seit Jahrzehnten auf einen Anlaß, es endlich anzulegen und sich damit zu zeigen, gewartet hat – freilich nicht auf diesen Anlaß? Was tun die Bekriegten da unter dem blauen Himmel? Warum spielen sie »trotzig« Feiertag am 2. April 1999, einem Werktag, im Westen dem Gründonnerstag (»grün« von »greinen«)? Mögliche Antwort: sie machen, jeder einzeln, wie in dem ineinemfort gesendeten Staats-TV-Film, Propaganda; machen Propaganda für ihr Land, auch ohne gefragt und gefilmt zu werden, aus eigenem – jeder propagandiert da für sich allein! Und so ist es sogar mit den sich nicht öffentlich, auf den Straßen, Zeigenden, den Einzellebewesen in den Wohnungen,

Zimmern und Kämmerchen der Millionenstadt, wie zum Beispiel mit jener alten Frau, die Zlatko und ich dann besuchen, um ihr die Grüße und die DM-Scheine ihres in Köln lebenden/tätigen und von dort nicht weg könnenden Sohnes zu überbringen: sie, die in den normalen Zeiten keinen Besucher weglassen und ihn noch und noch bewirten wollte, war jetzt sofort damit einverstanden, daß wir uns gleich nach dem Deponieren des Geldes wieder davonmachten – nicht einmal die balkanischen Gastfreundschaftskonfitüren bot sie uns diesmal an; wozu es sie spürbar drängte: mit ihrem Elend oder ihrem Kriegszustand wieder allein zu sein – allein in ihrer düsteren Seitenstraßenwohnung zu sitzen und so, allein, unsichtbar, für sich und ihr Land Propaganda zu machen –; nicht einmal zu ihren nächsten Angehörigen zog es sie, weder zu dem Sohn in Deutschland, noch zu dem Sohn in Kanada, auch nicht zu der geliebten Enkelin auf dem serbischen Land: »Ich will nicht flüchten, nočem izbegiti!«, i.e. »ich will allein hier im Dunkeln Kriegsheldin und Alte Partisanin spielen.«

Am frühen Nachmittag auf dem Trg Republike, dem »Platz der Republik«, bei einem der damals noch, heute noch? (ich notiere das drei Wochen später) täglichen Freiluftkonzerte; an diesem, jenem Tag hauptsächlich geboten von einer ukrainischen Gruppe, die erst in der letzten Nacht aus Kiew angereist ist. Daß die »Belgrader Jugend unter den Bomben tanzt«, davon habe ich während der folgenden Stunden – wieder einmal mit offenen Augen geschlafen? – nichts mitbekommen, weder Bomben noch Tanz, und es sind auch zahlreiche, einzelne, Alte und Mittelalte (wie ich) unter den Zuhörern. Andererseits aber hat der Anschwärzspruch etwas für sich: das Stehen, Umhergehen, Auf-Bäume-Klettern, In-den-Baumwipfeln-Hocken der Zuhörer auf dem leicht abschüssigen Republikplatz hat in der Tat etwas von einer Tanzbewegung, einer vielfüßigen und -händigen, freilich ohne jeden Gleichschritt, auch ohne üblichen Tanzrhythmus oder -schwung. Der Eindruck von Tanzen kommt eher aus dem, in jener Stunde jedenfalls, stillen gemeinsamen Zuhören, Hin- und Herschauen, Wege- und Platz-Suchen, Insichgekehrtsein, ein ganz anderes Woodstock, ohne dessen »make love not war« – von dem ein internationaler Paradejournalist eine Art Legitimierung des Bombenkriegs herleitet: denn die, die den Krieg jetzt führen, B.C., T.B., G.S., J.F. etc., seien doch allesamt keine »kalten Krieger«, sondern Kinder der »Flower Power«, und *deswegen* »glaubhaft«. Kreuz- und Quergehen, Innehalten, Himmelwärtsschauen, Pflastertreten: eigentümlicher Tanz dieser jugoslawischen Jugendlichen da, von denen wohl viele noch vor zweieinhalb Jahren hitzig-zornig dortselbst gegen den landeseigenen »Tyrannen« und »Diktator« demonstriert haben und die jetzt, regiert von demselben damals so heftig Bestrittenen, für ihr Land vielleicht werden sterben müssen; herzzerreißender

»Tanz«. Dazu in *Le Monde* ein fernsehender Kritiker: auch die afrikanischen Stämme, bevor sie ihre Jungen in ihre mörderischen Kriege schicken, putschen sie auf mit Tänzen und Musik – ähnlich dem »Rock« in Belgrad. *Le Monde*: Es war einmal eine Zeitung. Eine andere Schlammfeder dazu in *Die Zeit*: laut dem »Völkerpsychologen X.Y.« gebe es das neuartige Phänomen einer pathologischen kollektiven Todesbereitschaft des Massenselbstmords – besonders zu beobachten am Jungvolk von Belgrad. *Die Zeit*: Es war einmal … Abgesehen davon, daß in diesen Konzerten ganz und gar nicht nur »Rock« gespielt wird, sondern auch »Folk« (noch ärger?), Klassik, Blues: mag sein, daß der und jener Zuhörer »sterbensbereit« ist, einzelne sogar an Selbstmord denken. Doch »pathologische Massenselbstmordbereitschaft«, die ist etwas grundanderes, und ist jedenfalls nicht einmal als Schatten eines Schattens spürbar, sichtbar oder hörbar dort auf dem Trg Republike in Beograd, Podgorica, Niš oder sonstwo dieser

Tage in Jugoslavija. »Sterbensbereit«, ja, vielleicht spielt das da und dort ein wenig mit, aber keine Spur von dem Finsterblick der Massenselbstmörder; wenn ein Tanz, so einer aus Licht. Dazu noch ein weiterer Giftschlammschmeißer, dieser an längst kriegsbewährter Stelle, im Frankfurter Beobachter: »Makabres Fest des Selbstmitleids«, »schwer erträglich«, »Luftangriffe des Westens erst nach unendlich langem Zögern (sic!)«, »Quittung für die im serbischen Namen begangenen Verbrechen der letzten Jahre«, »warum keine Rockkonzerte *dagegen*?«, etc. Mag man auslegen, wie man will, wenn ich erwähne, daß ein paar aus der Menge meine »Unterschrift« wollten. Ich habe die gegeben, usw. Aber warum erwähne ich das? Weil ich im nachhinein dachte, ich hätte besser umgekehrt jeden einzelnen, der mich dort anging, um *seine* Unterschrift bitten sollen. Mitte Nachmittag dieses 2. April 1999: zurück zum Hotel Moskwa, den Rucksack vom Zimmer holen für die Weiterfahrt aufs Land, ostwärts,

Richtung Morava (Fluß) und Porodin (Dorf). Und mag das Folgende nun ein jeder wieder auslegen, wie ihm der Sinn steht: kaum je im Leben hat ein Zimmermädchen ein Wort an mich gerichtet – hier aber: eines kam und sagte »Hvala!« (Danke.) Warum? Für das Wort, das ich für sie und für ihr Land, für ihr Land und sie, eingelegt hätte. Und nicht nur sie hatte sich diesen und jenen Satz, den ich zum Kriegsausbruch am 24. März geäußert hatte, zu eigen gemacht, wie ich mir das bei etwas von mir Geschriebenem nie hätte träumen lassen (und auch weiterhin nie träumen lassen werde): »Mars greift an«, »Die ganze Welt ist Jugoslawien«. (Achtung, Mitschuld des ausländischen Proserben, daß das serbische Volk weiterhin in seiner schuldhaften Unwissenheit und Verblendung verharrt!) Wirkung des »Dichterworts«? Naja. Und auch deswegen notiere ich es, weil ich das Serbenvolk inzwischen so gut (?) zu kennen glaube, daß ich mir einbilde zu wissen, inzwischen seien ich und das von mir Geäußerte so ziemlich vergessen, und nicht allein durch zunehmende Kriegseinwirkung.

Horizontweite Weißdornschleppen quer durch das ganze ostserbische Hügelland. An den Brückenpfeilern über den autoput einzelne Soldaten; tags darauf, bei der Rückfahrt, in der Regel schon zu Gruppen formiert. Wie zuvor in Beograd weder Jogger noch Mountainbiker – aber es konnte ja nicht der ewige Krieg hier begonnen haben (oder doch?), und so würden auch hier eines schönen Tages wieder die buntkeuchenden Läufer und buntbrüllenden Querfeldeinprescher Stadt, Land und selbst die Wildpfade bevölkern. (Achtung, Kriegslüsternheit und antizivilisatorischer Affekt!)

Nach dem Verlassen der Autobahn und dem Überqueren des Flusses Morava Halt an jener Landstraßenkurve vor Porodin, ie mir bei all den vorigen Fahrten durch das serbische Land zu einem Inbild der stillen und friedlichen Mitte des europäischen Kontinents geworden ist. Sitzen da – dort draußen vor der Kurvengaststätte (bewirtschaftet von einer Frau der rumänischen Minderheit), mit Blick auf die Flußebenenfelder samt den Schilf- und Brachstellen; die Weinhügelkette als Horizontsperre? eher als Horizontgestalter und -öffner, und so die Ahnung der nicht mehr gar fernen Rumänien und Bulgarien. Immer wieder zuvor an dieser Landstraßenkurve ein Ankunftsgefühl, wie oft an Orten, die auf Reisen dem Ziel nahe sind, aber noch nicht dieses Ziel selber. Heute freilich: bei aller noch unversehrten Beschaulichkeit wirkt da etwas mittenhinein in das Acker- und Weide- und Weinland, was, nach Robert Walser, in jeder noch so lieblichen oder friedlichen Landschaft steckt, ein »Teufelchen« – nur daß für dieses hier keine Verkleinerungsform gilt –, überhaupt keine Form. Kriegszustand abseits der städtischen und sonstigen Kriegsobjekte: ungreifbar; unsichtbar; unbeschreiblich und ganz anders »ungut«: sprachlos machend.

Und sprachlos dann auch, oder, eher, im Unterschied zu den unmittelbaren Zeugen der Bomben und Raketen in den fernen Städten, redseliger, ohne ein Maß für den unsichtbaren Krieg sprechend, die Dörfler in Porodin, von einem Haus zum andern. Aber eine Besonderheit für Dörfler, gar serbische: fast alle hatten sie am Vortag teilgenommen an einer »Demonstration«, samt Gesang und Rezitation, gegen den Krieg, im nächstgrößeren Dorf; waren sogar im Fernsehen gezeigt worden! Andere in dem Dorf wiederum, etwa jene Halbwüchsigen im Landstraßenladen, der zugleich Bar ist, wollen von der Kriegssache spürbar nichts wissen – weil sie zur rumänischen Minderheit hier gehören? wird es auch hier zur Abspaltung kommen? oder ist es längst schon dazu gekommen?: jedenfalls, kaum daß wir uns von dem Bar-TV abwenden und hinausgehen, wird von den Kriegsnachrichten umgeschaltet zu irgendetwas. Überhaupt ist es, als werde der Krieg hier auf dem Land, einzig durch den Abstand?, grundanders erlebt; fast greifbar, daß es hier in Ostserbien, anders als auf dem sonstigen serbischen Land, noch nie richtige Schlachtfelder gegeben hat und daß der Krieg in der Gegend keine durch die Generationen tradierte, eingefleischte Erfahrung (mehr) ist. Beinah ist es, als seien diese Dörfler hier unfähig, die Kriegsnachrichten nachzuvollziehen; da sie aber doch daran glauben müssen, wird mit diesem Unwirklichkeitszwiespalt auch ihr Alltagsleben unwirklich. So auch jetzt die altgewohnte balkanische Gastfreundschaft: zwar führen Zlatkos Eltern diese in jener Nacht wie eh und je vor, samt Vorosterhuhn und erztrübem Eigenbauwein. Aber sie sind nicht recht bei der Sache, so wie sie auch nicht bei der anderen, der aktuellen Sache, dem Krieg, sind. Bald stockendes Gespräch, und nicht bloß wegen der Müdigkeit durch die lange Fahrt unsererseits, der Müdigkeit durch Feld- und Stallarbeit elternseits. Frühes zu-Bett. Die ganze Nacht freilich durch die Wand, laut, die Nachrichten in Radio und

Fernsehen, die auch ohne speziellen Hörer und Zuschauer weitergehen, bis hinaus über den ersten Hahnenschrei.

Früh auch der Aufbruch zur Rückfahrt, nicht, wie gedacht, über Rumänien, sondern auf der Herfahrtsstrecke, über die Autobahn und an Beograd vorbei: als sollten wir die über Nacht durch den Krieg veränderten Landessilhouetten sehen. Zuvor noch ein Gang allein auf der Landstraße und ein Umweg zu den Schafen, Kühen und Hühnern im Stallbereich des Kral-ähnlichen Hofs: kühler sonniger Morgen mit gelben Narzisseninselchen in den Morava-Weinbergen, und beim Anblick der im schlammigen Hof verstreuten scheckigen Perlhuhnfedern das Sichwiederholen meiner ersten Kriegserinnerung, oder meiner ersten Erinnerung überhaupt?: »ich« als kaum 2 ½-Jähriger, zum Greifen nah dem Erdboden, der zugleich etwas vom Mond, gesehen durch ein Fernrohr, hat, im Hof vor dem Bauernhaus der Großeltern, damals, sagen wir, im

April 1945, und dort in dem Hof allein, spielend, und unversehens ein Dröhnen in den Lüften, und ein Riesenschatten momentlang, und jemand, der aus dem Anwesen gerannt kommt und mit mir dorthin zurückrennt, und danach – wieder Stille und Sonne, besondere Stille und besondere Sonne – die durcheinandergewirbelten Hühnerfedern im seltsam leeren Hof, nicht bloß viel mehr Federn als üblich, sondern auch in Klumpen.

Die Mauteinnehmer in den Autobahnhäuschen über Nacht durch Soldaten ersetzt: Einbildung? Und dann wieder die Silhouette Beograds, unverändert und doch verändert, mit dem Vorstellungsbild der sich wie am Vortag zu der Musik auf dem Republikplatz aufmachenden Leute (übrigens: nicht nur Musik, sondern auch Gedichtlesungen, usw.), die – so heute, da ich das nachträglich notiere – nach den Worten eines Serbienexperten in einer ehemaligen europäischen Zeitung den Krieg »zum frivolen Karneval« benutzen, da die Bomben bekanntlich ohne Gefahr für die Zivilen sind (dazu in demselben Blatt, wie versehentlich, auf Seite 1 das große Photo der Eltern von Batajnica, die ihr beim x-ten Bombenangriff auf ihre Stadt umgekommenes dreijähriges Kind betrauern). Vorstellung auch, daß der leicht alberne oder aberwitzige Humor der ersten Kriegstage den Belgradern oder überhaupt den Restjugoslawen inzwischen wohl ausgetrieben ist: daß »Beograd« nur noch »Beograd« heißt und nicht mehr »Bombay«, und daß kein Passant mehr dem andern auf dessen Frage: »Wie wirst du den heutigen Bombenabend verbringen?«, antwortet mit: »Bescheiden, im Kreis meiner Familie …« Stattdessen die Gewißheit: Keiner, wo auch immer im Land, fühlt sich mehr in Sicherheit; denn überall ist etwas in der Nähe, was Bombenziel sein kann! Ein Satz am Telefon, Tage später: »Das Gute an unserer Lage: es geht uns elend, aber in diesem Elend haben wir immerhin einen Rhythmus gefunden!« Kein Platz mehr für gleich welchen Humor, doch immerhin »Rhythmus«. Und wieder ein paar Tage später der Telefonsatz: »Es gibt auch den Rhythmus nicht mehr.«

Auf noch weiteren und komplizierteren Umwegen und -leitungen als bei der Herfahrt geraten wir unvermutet, nordwestlich von Beograd, in den langgezogenen Lehmrücken der Fruška Gora hinein. Aber hier ist doch jetzt Sperrgebiet? Radarabwehr, usw.? Und wurde hier nicht ein paar Tage zuvor der sogenannte »Invisible«, das »unsichtbare« Bombenflugzeug, die neueste Westwaffe, abgeschossen? Jeden Moment einer Militärschranke gewärtig, sind wir aber auf einmal ohne Hindernisse oben auf der kleinen Paßhöhe, namens Iriški Venac, von wo es schnurstracks nordwärts hinabgeht nach Novi Sad.

Angehalten. Kalter Wind, wie so oft auf Pässen (obwohl dieser nicht sehr hoch liegt). Rundgang, jeder für sich, in den Paßhöhenwäldern. Lange kein Mensch. Die Paßtankstelle wie verlassen (seit längerem kein Benzin); die Poststation daneben vergittert. Auf einmal aber winkende Hände an der Scheibe des Tankstellen-Hinterzimmers. Und wir werden dorthin eingeladen. Und wieder, wie es eine Art Regel geworden ist auf unserer Fahrt, finden sich dort in dem dunklen Hinterraum, nicht größer als eine Schiffskajüte, mehrere Leute zusammengeschart, wartend? – einfach da seiend, eine Art Präsenzdienst leistend – als sei das jetzt, im Krieg und in der Arbeitslosigkeit, die Arbeit: der Postbeamte ist da, ebenso der Mechaniker, die Tankwartin, ihr Bruder, ein Wirtschaftsstudent – sie sind nichts als da. Und natürlich wird gleich lang und breit über den Abschuß des »Unsichtbaren« palavert, jeder hier war Augenzeuge, »Absturz gleich bei meinem Haus!«, »schwarzer Rauch!« usw. Aber ich zumindest habe, und nicht zum ersten Mal, Mühe, diesen Kriegsgeschichten zu folgen; sie langweilen mich schon mit dem ersten Wort, und wenn sie mich nicht langweilen, so bin ich doch seltsam unfähig, ihnen zu folgen und sie zu behalten. Was ich dagegen von jener Stunde mit den Leuten auf dem Iriški-Venac-Paß behalten habe: das Zusammengeschartsein von sechs, sieben Leuten (mich eingeschlossen) auf engstem Raum ohne Beengung – und die von den Einheimischen dort nicht bloß deklamierte Verbundenheit mit allen, allen Völkern im Kosovo – immer wieder (und auf dieser Kriegsfahrt noch verstärkt) erfahrene serbische Toleranz, eine Weise von Toleranz, die einen Begriff wie »Toleranz« so gar nicht nötig hat; denn ist dieser nicht eher ein kalt frömmelnder Zwitter, der sich von einem Moment zum andern in einen kalt rasenden Zwitter verwandeln kann? Und behalten habe ich noch: den blitzsauberen blauen Overall des Mechanikers (»ich bin da«); und die beim Abschied, nach dem Ausschöpfen aller Kriegs- und Widerstandsgeschichten, von allen in dem Hinterzimmer dort eingestandene Angst in den schwarzen Hügelnächten, wo jeder in seinem Haus oder Zimmer allein ist.

Zurück gegen Abend an der jugoslawisch-ungarischen Grenze, wo inzwischen links und rechts in den Feldern und Sümpfen schon Schützengräben ausgehoben werden – wozu? Zuvor an der ersten in diesem Krieg zersplitterten Brücke vorbei: der zwischen Petrovaradin und Novi Sad über die Donau; tanzende Leute auf den aus dem Strom ragenden Resten? nein, niemand. Und wieder Ungarn: keine einzige Prostituierte mehr an den Straßenrändern. Und zuvor bei der Grenzüberfahrt vom Kriegs- ins Unkriegsland: Gefühl, Todgeweihte allein zu lassen; und das Bedauern, nicht die Namen sämtlicher Präsenzdiener in der Tankstellenkammer vom Iriški Venac notiert zu haben.

Sind es diese Versäumnisse und die versäumten Namen, die mich tags darauf, am Karsamstag, dem 4. April 1999, im Flugzeug von Budapest nach Paris, den Entschluß fassen lassen, diese Augenblicke der Reise festzuhalten? Oder ist es nicht eher die Allgegenwart, nach ein paar Tagen der Abwesenheit, der nord- und westatlantischen Schlagzeilen und -bilder, vor denen es schon beim Betreten des Flugzeugs kein Wegblicken mehr gab? Was ich in Jugoslawien erlebt habe, in Palić, in Beograd, in Porodin an der Morava, in der Fruška Gora, bei Novi Sad, das ist in den westlichen Medien wie naturgemäß kaum eine Nachricht wert; dagegen: die Flüchtlingslager, und die »Massaker«, »Massenvergewaltigungen«, »Deportation«, »KZs«, »neues Auschwitz«, samt Close-up-Photos zu Zigtausenden, in der Regel von der »Agentur Vu« (=»Gesehen«), die triftiger »Agentur Déjà-vu« hieße. Und wie gehabt allüberall in der Zeitungswelt die »Informationen«, »Berichte«, »Erzählungen« und »Zeugnisse« aus dem Chaosgebiet: zwar »noch nicht beweisbar«, »aber ohne Zweifel in hohem Maße glaubwürdig« – und weshalb? weil die Zeugnisse und Erzählungen erst einmal massenhaft und also massiv sind, und dann, weil sie sich alle, oft Wort für Wort, Wendung um Wendung,

Wortbild um Wortbild, gleichen – glaubhaft, weil so viele Tausende in die Mikrophone und die Kameras das Haargleiche haargleichlautend erzählen, bezeugen, »bestätigen«. Und dazu mein seit Kriegslosbruch systematisch (oder zwanghaft?) gewordener Blick auf die Auflagenzahlen, bei sämtlichen Tag- und Nachtblättern sprunghaft gestiegen: wie wäre es, so meine Zwangsidee, verwendeten alle die westlichen Medien, die dank des Kriegs gegen Jugoslawien ein Heidengeld verdienen, einen Teil ihrer Gewinne zum Wohle der Kriegsopfer, der albanischen und auch der serbischen, türkischen (im Kosovo), zigeunerischen, ungarischen, statt immerfort fett ihre Kunden zu Spenden aufzurufen? – Was, kein Mitgefühl mit den unbezweifelbaren Hauptopfern? – Ihr Medien entwirklicht oder, eher, verformt und verderbt jedes Mitgefühl, indem ihr zuerst mitbombt und dann die Stories eurer (in jedem Sinn »eurer«) Gebombten verschachert, in ähnlicher Weise, wie eure Staaten, deren perfekt funktionierende Spießgesellen ihr seid, zuerst Zerstörer waren und dann den Friedensrichter spielen. Seit die Medien in dem Krieg jetzt allem Möglichen wie auch Unmöglichen das Wort »Erzählung« (»récit«), »erzählt« (»raconte«, »tells« ...) voranstellen, so als sei schon dieses Wörtchen der unwiderlegbare Wahrheitsbeweis, ist das Wort »Erzählung«, eins der edelsten der Menschheitsgeschichte, etwas Zuwideres und für lange Unbrauchbares geworden. – Hier jetzt aber noch eine letzte, eine andere Erzählung zum »Mitgefühl«, mit den Flüchtlingen, mit dem Gebombten: Einem Kind wurde einst von dem Leiden eines andern erzählt. Darauf ging das Kind abseits und umarmte die Luft.

Am Karsamstag, gegen Mittag, nach den vier Tagen Kriegsfahrt zurück im Pariser Vorort. Mit S. zusammen dort L. von der Schule abgeholt; im Hof von den Kindern bemalte Ostereier zum Verkauf: für einen humanitären Zweck (nein, in Armenien; der Vorort hat eine Armeniergemeinde, samt armenischer Kirche). Aus den Augenwinkeln die dunkelnasse Regenbahn auf dem sonst hellen Schieferschuldach: ich sehe sie als Brandspur. Dann, all die folgenden Ostertage, die französischen Passanten auf ihren Boulevards: als ob ihr Land, Frankreich, gar keinen Krieg führe. Und mein Gedanke unversehens: in Jugoslawien ist (war) Frieden, und der Krieg, der finsterste, der haßvollste, der verlogenste ist hier, in Frankreich, in Deutschland, in Großbritannien, im Land der unbegrenzten Möglichkeiten, wo die Völker (oder wie diese zeitgenössischen Spekulier-, Käufer- und Genießermassen nennen?) tagaus und tagein »Erzählungen«, »Zeugnisse«, »Informationen« in sich hineinschlingen und zugleich auf all den scheinfriedlichen Straßen und Plätzen unter dem scheinfriedlichen Himmel fortwährend so tun, als wenn nichts wäre. – Dazu, für ein kleines Amüsement, die Erzählung oder das Zeugnis von einer weiteren Deformation meinerseits: bis zum Krieg gegen Jugoslawien habe ich an den Bankomaten, wenn es um die Wahl der Sprache ging, in der Regel »spanisch« gedrückt – seitdem aber der spanische NATO-Töterich J. S. »mit spanischer Feierlichkeit« am 24. März 1999 die Bomben lospflockte, sind mir sämtliche Bankomat-Wahlsprachen zuwider, auch das »español«; Warten auf Chinesisch, Russisch, Griechisch, Arabisch, Hebräisch? Und zuguterletzt (?) noch so eine Deformation: angesichts der aktuellen Leuchtschrift auf dem Eiffelturm, mit den bis zum Jubeljahr 2000 noch verbleibenden Tagen, etwa »Jour – 260«, am 16. April 1999, muß ich meinerseits denken: »24. Tag des Kriegs gegen Jugoslawien«.

Mögliche Parabel zum Verhältnis zwischen diesen Notaten und dem gegenwärtigen, andauernden, »sich intensivierenden« Kriegsgeschehen: Ein Mensch, dem ein Nachbar einen Tag lang von einem Garten zum andern mit einem Maschinenlärm so zugesetzt hat, daß er jedes Lesen, Schauen, Hören, Sichunterhalten, Fühlen zunichte macht, bekommt, als er zuletzt dem Höllenlärmer ein »Ruhe!« zuschreit, die Antwort: »Wer ist es, der da jetzt Lärm schlägt?«

Und deine Botschaft? Du mußt doch vom Balkan eine Botschaft mitgebracht haben – wozu sonst das alles? Heraus mit deiner Botschaft! Osterbotschaft!, mit weniger kommst du uns nicht davon! – Botschaft, naja, warum nicht einmal? Also hör: sowie wieder ein »Balkanexperte« auftritt, kannst du gewiß sein, und mag er auch noch so siegessicher im voraus die endliche Klarheit über das Problem ankündigen, daß das einzige aus seiner Suada dann folgende Klare wieder einmal sein Fazit sein wird (sein Fazit als sein Mittun und seine Mittäterschaft): »Ewiger Krieg!« Die »obsoleten« Demonstranten gegen den Krieg, für Jugoslawien in ganz Europa, für Jugoslawien als das verratene Europa, »plärren« (Wortgebrauch z. B. der Wiener Stadtzeitung) Jugoslavija? Achtung, jetzt die Botschaft!: Laßt statt der Experten, der erfahrenen, eingefuchsten Journalisten und Kriegserklärer mit ernsten Stimmen, gefilmt vor Bücherwänden, nur noch demonstrierende Liebende auftreten, nur noch solche – Jugoslavija!

Letztes Bild von der Karwochenfahrt in Jugoslawien – im Erleben damals (»damals«) eines der ersten dort: an jenem Morgen beim See von Palic, dem einstigen Urlaubergebiet, die große Wander- und Radwegetafel, mit dem Kreis an einer bestimmten Stelle und dessen Legende: »Nalazite se ovde! Ön itt vom! You are here!« Bild warum? Wegen der Rufzeichen.

(notiert vom 13. bis 22. April 1999)

2.

Aufzeichnungen im nachhinein von der zweiten Kriegsreise durch Jugoslawien, 23. bis 29. April 1999

Seit der Rückkehr (am 4. April 1999) von der Karwochenfahrt durch Jugoslawien (8. bis 12. Kriegstag) in eins der 19 NATO-Schlagwetterländer (Frankreich) die vorherrschende Vorstellung: hierzulande nicht am Platz zu sein. Das verstärkt durch den gespielten Frieden allerwärts: unten auf dem Boden die Züge, das Markttreiben, die Sonntagsglocken, die Pferdewettbüros, oben im Himmel – der Militärflughafen hinterm Hügelwald, an dem ich wohne – von frühmorgens bis abends das Aufsteigen der Bomber. Niemand scheint es zu hören? Die in der Vorstadt wie eh und je besonders ausführlichen Konversationen an den Ladenkassen, früher einmal zeitweise sogar etwas wie ein Hörvergnügen, inzwischen aufdringlich nichtssagend, und dabei noch ausführlicher. Kein Wort vom Krieg, den das Land mitführt; dafür an fast jedem Schaufenster Spendenaufrufe »pour le Kosovo«. (Eine Nachbarin aber, im Supermarkt aufgefordert zur Spende für die Albaner: »Merci, ich habe schon einen Serben zuhause.«) Das übliche Fragen nach dem Wohlergehen so schlecht gespielt, daß keine Antwort meinerseits erfolgen kann, und diese wird auch gar nicht erwartet. Wenn sie aber einmal kommt und lautet: »Es ist Krieg«, wird sie entweder überhört, oder man repliziert: »Ach, er wird nicht dauern.« Hoch her geht es nur in den Medien. Hoch her? Hoch her in eine einzige Richtung, die des seit einem Jahrzehnt bestimmenden, jetzt nur umso magnetischeren Magnetpols aus Fertigsätzen und -bildern. Schon längst findet da an den Wörtern, den Satz- und Bilderfolgen keine Arbeit mehr statt – nicht ein Hauch von einer Arbeit. Die schlagende Mehrheit der Politiker wie der Journalisten hat, was Jugoslawien angeht, jeder Arbeit entsagt und drückt nur noch auf Wiederholungstasten und Großaufnahme-Zooms, Tag und Nacht. Zugleich steigen und steigen die (Seh-) Beteiligungen, die Auflagen, die Einkünfte – würden die Kassen durchs Land klingeln, wäre dies das Parallelgeräusch auf dem Boden zu den Bombern in den Lüften. Die Kunden zahlen, konsumieren, schweigen, oder schwätzen nach. »Ich weiß ja nichts, aber ich meine –«: so beginnen sie in der Regel ihre Stellungnahmen – und diese Meinungen der Nichtwissenden, eher finster Ahnungslosen, sind dann jeweils besonders stark.) Allein manche Kinder scheinen den fernen Krieg heftig zu ahnen. L.: »Wozu denn Krieg? Zum Vergrößern der Friedhöfe?« Geradezu ein Aufschrei – seltsam bei einem Kind. Die Bomben der NATO, aus 5000 Meter Höhe, auf den heim(!)kehrenden Flüchtlingszug der Albaner bei Djakovica im Kosovo, beim Ort Raja: – »aber jetzt wird doch auf der Stelle etwas geschehen? der Krieg wird eingestellt?« Weit gefehlt: kaum zwei, drei Tage danach das total zerbombte Wohnviertel im südserbischen Aleksinac – wie all die Toten zählen? einstellig? zweistellig? dreistellig? Ziellos durch Haus, Garten, Straßen, Wälder des Totschlägerlands irren, und von den paar Mitdenkenden in den anderen Ländern hören, daß auch sie hilflos umherirren bei jedem neuen »tragischen Irrtum«, bekanntgegeben in der Kommandozentrale (nie wieder Brüssel) von dem Killersprecher X.Y. (Historiker im Zivilberuf), jenem mit der Harmlosgrinsmaske, wie sie sich manche Bankräuber für ihr großes Ding aufsetzen. Eine kommunistische Ministerin im französischen TV, von zwei »Star«-Journalisten peinlich befragt, weshalb um des Himmels willen sie sich denn gegen den Krieg ausgesprochen habe, ob sie denn den blutrünstigen Diktator M. verteidigen wolle: als sie darauf, wenngleich arg zage, auch die Toten im Land des »Schlächters« beklagt, oder zum Beklagen bloß ansetzt, unterbrechen sie die illustren Befrager auf der Stelle, und zwar folgend: »Ja« – so geben sie ihr deklamatorisch recht –, »aber ...« Und weiter im Redetext geht es wieder nur um das »Aber«, »die Flüchtlinge«, »die Camps«. Dieses »Ja, aber« als das herz- und bedenkenloseste aller »Ja«. Und wie bei dem »Ja, aber« den beiden Journalisten, dem Mann wie der Frau, das Gesicht aus dem Gesicht fällt und hinter der extrazivilisierten Maske sich nur noch das Fletsch-Gebiß zeigt, das Beißwerkzeug von Kettenhunden (nichts gegen diesen und jenen sonstigen Hund). Als stammten wir – traurige Erleuchtung – nicht von den Affen ab, sondern von den Ketten-Hunden. Hilfloses Kreuz- und Quergehen, hilflos auch sämtliche Schimpfwörter wie das gerade gebrauchte.

Momente des alltäglichen »Wahns« während dieser Tage im Kriegsland, zweitausend Kilometer entfernt vom intensivbekriegten anderen Land, kein Direktwahn, eher nur ein momentanes Gestreiftwerden davon: etwa beim Anblick der Vogelfedern und des -flaums im Gras beim frühmorgendlichen Rundgang durch den Garten: Auswirkungen und Ausläufer der x-ten Bombennacht über Jugoslawien? Und in den »Nachrichten« wieder »une gaffe«, »ein Patzer«, aus 5000 Meter Höhe, zweistellige Totenziffer, »unbestätigt«. Anderer solcher Wahnmoment: ob die westliche Welt nicht jegliche Unterscheidungskraft und mit der Unterscheidungskraft ihre Seele, und mit dieser ihren freien vielfältigen Blick verloren hat ab jener Zeitschwelle, da die stupid-selbstgerechten Filme eines Clint Eastwood im selben Atemzug genannt wurden mit jenen John Fords? Und noch so ein Wahnmoment: einem, der »mit allen Fasern« gegen diesen Krieg ist, würde von den V.K.D., den Vereinigten Kriegenden Demokratien, das Konto gesperrt werden, im Restaurant, im Geschäft; am Bankautomaten würden seine Zahlungsmittel, kaum daß er sie aus der Tasche zöge, zurückgewiesen jeweils mit einem kurzen scharfen Kopfschütteln oder einem schrillen Automaten-Pfiff (Syndrom eines Victor-Klemperer-Lesers). Gut dagegen an dem Kriegszustand (wie, so sagt man doch, eben alles auch sein Gutes hat): durch den häufigen Blick zum Himmel und zu den Horizonten gibt es in den altgewohnten Umgebungen immer wieder Neuentdeckungen zu machen; noch und noch erste Blicke, Niegesehenes, Erstaunliches.

Aufbruch zur zweiten Kriegsfahrt in der zweiten Aprilhälfte (19. April 1999, 27. Kriegstag gegen Jugoslawien). Umweg über Wien, Kärnten, dann Slowenien (22. April). Auf den Straßen der österreichischen Hauptstadt, ebenso wie später auf den Kärntner Dorf- und Landstraßen, in den Wirtshäusern und in den Parks nicht mehr das altbekannte Wechselbad (Bad?) aus kurzen distanzierten Blicken der Achtung oder gar Zuneigung und den längeren Starrblicken des Hasses (der sich freilich öfter bei meinem Grüßen wie erleichtert verflüchtigt hat): dafür ein ähnliches Phänomen wie vor drei Jahren, am Morgen nach dem Vorlesen der »Winterlichen Reise« in Ljubljana, zu sehen an den Entgegenkommenden, auf den Straßen und Brücken der slowenischen Hauptstadt, nachdem am Vorabend das dortige TV mich als Staatsfeind gezeigt hatte: damals wie jetzt noch und noch sich ruckhaft abwendende Köpfe der Passanten, massenweise, fast komisch. (Bin ich Luft für die andern geworden? Schön wär's.) Aber laß doch dich selber aus dem Spiel! Geht es denn nicht um etwas anderes? Ja. Und doch ist es nicht möglich, das Ich ganz aus dem Spiel zu lassen, das Aufzeichnen würde dadurch unwahr oder entwirklicht. Und außerdem führten diese sich wiederholenden Szenen mit der Zeit zu einer Art Entdeckung: durch ein freies An-den-Leuten-Vorbeischauen kommt es so zu einer verstärkten Wahrnehmung ihrer Umrisse *und* der Zwischenräume zwischen den einzelnen Umrissen, was erweiterte Formen und eine weitere Idee von den Passanten ergibt als ein Blick unmittelbar ins Gesicht jedes einzelnen … entsprechend jenem Satz der Nova: »Sieh einen jeden in seinem Bild.« Der die Umrisse nachzeichnende und Zwischenräume schaffende Blick: wenn nicht versöhnend, so doch lichtend? Und siehe: der und jener löst sich aus seinem Vorbeistarren und zeigt sich, kurz

Auge in Auge, so hilflos, wehrlos, ratlos wie ich – sein »Ich weiß nichts, ich verstehe nichts!« momentlang nicht mehr das verlogene Vorspiel seiner Schlagstockmeinung. Ich und er/sie gehen jedenfalls für diesen Augenblick nicht mehr als Frontmänner oder -frauen aneinander vorbei. Laß dir die Fronten nicht einreden (sage ich auch zu mir selber), oder: Du kannst nicht auf Dauer Feind deiner Zeit bleiben.

Zu dritt, am 23. April 1999 (Freitag), durch Slowenien, Kroatien in die Republika Srpska (die nicht mehr Jugoslawien heißen – wohl aber vielleicht sein darf): Zlatko B. (Serbe, Jugoslawe), Thomas D. (Deutscher, gelernter Ingenieur, »Recherchenjournalist«), et moi. Stetig südwärts – dabei ohne Gefühl, es gehe je nach Süden. Mulmigkeit? Eigentlich nur wegen der Dieselkanister im Kofferraum: diese könnten aus dem-und-dem Grund in Flammen aufgehen, und wir mit ihnen. Zuerst die fast unbevölkerte Schengen-Grenze zwischen dem Exklusiv-Europa und dem anderen Europa vor dem zigkilometerlangen Karawankentunnel (nur kein Feuer jetzt wie gerade im Montblanc – die gehäuften Feuervorstellungen). Dann schon im Lenkradumdrehen – bestand denn Slowenien nur aus der Staffel der (noch leeren) Heuhar(p)fen diesseits und jenseits der Schnellstraße? – an der Grenze zu Kroatien, diese ebenso bombastisch wie zuvor jene zwischen Österreich und Slowenien, mit einem breiten Streifen jeweils zwischen den beiden Kleinstaaten, so breit wie, sagen wir, der río Paraná, nur daß das hier kein Strom ist, sondern lebloses Niemandsland. Zuvor Rast in dem (nach allen den Jahren und Jugoslawienfahrten) fast schon wieder vertrauten Tankstellenlokal des (noch) slowenischen Opačec. Am Nebentisch dort ein junger dicklicher Mann, der mich, in unser beider Kärntner Dialekt, freundlich grüßt, neben sich eine noch jüngere, in sich hineinlächelnde Südländerin mit orientalischem Gesicht. Beim Aufstehen legt mir der junge Kärntner dann kameradschaftlich eine schwere Hand auf die Schulter und sagt: »Sie fahren doch wohl wieder zu den Serben, Ihren Freunden. Richten Sie dort in Belgrad Ihrem Freund Milošević einen schönen Gruß von meiner Frau hier aus, die sich bei ihm bedankt, daß er sie aus ihrer Heimat vertrieben hat.« Darauf nichts mehr, nur die immer schwerer werdende Hand meines Landsmanns auf der Schulter, und die immer tiefer in sich hineinlächelnde Frau. Zufrieden über die gelungene Ersatzrache entfernt sich das Paar, nordwärts, in die neue Heimat der Frau.

Gleich darauf – so kommt es mir jetzt im nachhinein vor –, gleich nach der zweiten Groß-Grenze, im selben Tageslicht, auch schon der dritte Grenzübergang: die Brücke über die da schon sehr breite Sava, hinüber nach Bosanska Gradiška in der bosnischen Konföderation, serbische »Entität«. Davor ein Stau von mehr als zehn Kilometern, auf der eher schmalen Land- oder Überlandstraße: mehr als tausend Lastwagen, die bis kurz vor der Brücke immerhin seitlich eine halbwegs offene Fahrrinne für die PKWs lassen. Stau? Stillstand, und sicher nicht erst seit dem heutigen Morgen. Die Fahrer, entweder an den Kolonnen auf und ab gehend oder in den Kabinen schlafend/dösend/mit weit offenen Augen vor sich hinschauend. An der Schwelle der Sava-Brücke dann auch die Kleinautos, und so auch das unsere, im Stau, der für uns aber nicht Stillstand heißt wie für die Lasterfahrer: eine Stunde, und die Brücke ist überquert, wir sind in Bosnien, Republika Srpska. Kaum ein Fortkommen aber weiterhin für die Camioneure und die Familien mit ihnen – Umzüge, Heimfahrten, Warentransporte. Da es zwischendurch zu Fuß rascher vorwärtsging, war ich ausgestiegen und schaute diesen Zighunderten bei ihrem Grenzstillstand zu. Unmöglich die Vorstellung, sie würden an diesem Tag noch über die Brücke kommen – auch am nächsten Tag wären sie noch nicht drüben im anderen

Land: ungeheuere, ja ungeheuere, Geduld in alle die jugoslawischen, ja, jugoslawischen Gesichter geschrieben, ja, geschrieben – ungeheuer auch in dem Sinn von »nicht geheuer«: solch ein stilles Hinnehmen oder Ertragen konnte nicht für alle Zeiten dauern. Es war eine übermenschliche oder unmenschliche? Geduld – eine zuletzt gefährlich und bedrohlich anmutende Geduld. Diese mußte eines Tages (nicht heute, nicht morgen) zu einem wilden, kollektiven Ausbruch führen, einem Kollektiv-Amoklauf und/oder -Selbstmord. Zu wahnwitzig waren diese dicht auf dicht folgenden, auf die dümmste Weise ausgeklügelten, freiheits- und freizügigkeitsraubenden Grenzen, indes das gesamte übrige Europa für fast alle Reisenden sozusagen eine »gemähte Wiese« geworden war, offen bis hinter die Säulen des Herkules, eine einzige hindernislose Autoschlittenbahn. Und stromesbreit und leer – kein Schiffsverkehr auch hier seit dem Kriegsbeginn – fließt in der Zwischenzeit die Sava ostwärts auf die zerbombte, von Bomben vergiftete Große Donau zu.

Ankunft frühabends, vor der ersten Dämmerung, in Banja Luka, der »Gartenstadt«, die den einen von uns an Baden bei Wien, den andern an Baden-Baden erinnert. Arg teure Einzelzimmer (150 DM) im Hotel »Bosna«, das ein Kriegsgewinnler für 40 000 DM gekauft haben soll. Der mir das »erzählt« (wie man heutzutage eben für alle mehr oder weniger anrüchigen Kriegsstories sagt), ist wieder einer meiner Kärntner Landsleute, ein Altbekannter: vor dem Bosnienkrieg, vor 1992, Geschäftsreisender in Serbien, jetzt im rein muslimisch gewordenen Sarajevo-Distrikt. Wir waren miteinander in Banja Luka verabredet: er ist auf der Heimfahrt nordwärts, unsere Wege kreuzen sich so. Zu viert gehen wir durch die regnerische abendliche Stadt. Ich wollte auf den Boulevards bleiben, samt Autoverkehr, er sprach sich für die Fußgängerzone aus, »schöner zum Gehen« (Rautenpflasterung wie in Baden? eher wie in Elmshorn), »Banja Luka ist balkanberühmt für seine Fußgängerzone«, und da er sozusagen der Einheimische ist, lassen wir ihn bestimmen. Zu Abend in einem Kellerrestaurant, wo wir, wieder einmal in Jugoslawien, die einzigen Essensgäste sind; am anderen besetzten Tisch Schachspieler. (Zuvor in der gestern wie heute eher kriegsverschonten Stadt die steckvollen Jugendlichencafés, Zielscheibenabzeichen leuchtend durch die Regendunstscheiben – aber hier wird doch gar nicht gebombt? frivol?) Mein Bekannter und Geschäftsreisender bei Tisch auf die Frage, ob er mit seinen früheren »Freunden« (immer hat er seine »vielen serbischen Freunde« erwähnt) nun, z. B. drüben mit denen in Beograd, etwa 350 km ostwärts, mitfühle: »Mit meinen Glaubensbrüdern unter ihnen [er ist sehr katholisch] schon ...« Nicht gar zahlreiche Katholiken in Serbien, und wie viele unter seinen Handelspartnern? Dann erzählt (sic!) er einen momentan geläufigen Witz unter den Muslimen von Sarajevo: »Serbien ist wie das Geschlechtsteil einer Frau – je kleiner, umso besser.«

Am nächsten Morgen (24. April 1999) zwei Besuche in Banja Luka: der erste bei dem katholischen Bischof dort, Franjo K., einem Angehörigen der kroatischen Minderheit; der zweite bei der alten Mutter eines in Wien ansässigen bosnischen Serben, einer ehemaligen Partisanin, für die mir der Sohn ein Kuvert mitgegeben hat. Der Amtssitz des Bischofs überrascht: Es ist in der Tat ein Sitz, eine geräumige, komfortable, gut abgeschirmte Residenz im Zentrum der Stadt – ich hatte unwillkürlich mit einem bloßen Diaspora-Unterschlupf, einem, mehr oder weniger, Katakombendasein in feindlicher, übermächtiger Umgebung gerechnet. Wir bekommen in einem großen Saal des ersten Stocks ein herzhaftes Frühstück vorgesetzt. Nach der anfänglichen Mühsal mit dem serbokroatischen Dialog wechselt der mit mir etwa gleichaltrige

Bischof in das Deutsche, rein und fast akzentfrei (dabei hat er seine Theologie in Innsbruck, Tirol! studiert). In seiner Beschreibung des Bosnienkrieges wird mir so anschaulich wie nie zuvor die grausame Logik oder, eher noch, der Totalnihilismus der gegenseitigen Vertreibungen durch die Völker hier: im Fall der Region und des Bistums Banja Luka der bedenkenlosen Vertreibung der Muslime und Kroaten durch diese und jene der mehrheitlichen Serbenschaften: die Gotteshäuser, die Moscheen und die katholischen Kirchen, »mußten« zerstört werden – damit die Religions-Gemeinschaften, und überhaupt die Gemeinschaften, mit einem Schlag ihr »Zentrum« verlören – und ohne ein Zentrum, nicht wahr, ist das auch euer Land nicht mehr – habt ihr hier nichts mehr verloren, weg mit euch! Auch die Ermordung dieses und jenes Priesters (nach Angaben des Bischofs etwa 6) sei kein später Racheakt für manche unbestreitbare Ustaschepriester (oder -mönche)-untaten im 2. Weltkrieg gewesen, sondern vielmehr dieser ungeheuren, zugleich abstrakten, mit der Zeit von niemand mehr kontrollierbaren »Logik« entsprungen. Seltsam dann, wie der dabei fast all die Zeit klar und beherrscht wirkende Bischof in dem jetzigen Krieg, dem jenseits der Drina, eine andere, womöglich noch abstraktere und unheimlichere Logik in Gang sah: er hielt diesen Krieg für ein längst abgekartetes Spiel, das seit Jahren, in sämtlichen ausländischen, vor allem transatlantischen Metropolen vorausgeregelt sei, mit Einverständnis dieses und jenes einheimischen Halbmachthabers, klipp und klar bis zum geplanten Ende Jugoslawiens. Das sagte Franjo K. zwar weiter in einem sachlichen Tonfall; aber in dem Reden schwang dann mehr und mehr kindliche Hilflosigkeit mit, er bekam in der Tat eine Art Kindergesicht, mit aufgerissenen Augen und roten Backen, und aus seinem Feststellen wurde am Ende ein geradezu flehentliches Fragen: Warum das? Wozu? Was hat die Welt, nach diesem furchtbaren Jahrhundert, mit uns auf dem Balkan weiter vor? (Flüchtlingsaugen zuletzt aus dem bauernsohnhaften Gesicht des Bischofs von Banja Luka schauend.)

Die alte Partisanin, fast haarlos nach einer Krebsbehandlung, fast blind (die Brillen so dick, daß die Augen fern, wie ein Horizontobjekt auf einem Hinterglasbild, erscheinen), in ihrer gar nicht so kleinen Witwenwohnung einer Seitenstraße. Kein Wort über den jetzigen Krieg; dafür zeigt sie, indem sie den Ärmel aufkrempelt, ihre Schußverletzung aus dem 2. Weltkrieg, sie war, wie so viele Partisaninnen (*partisanke*) unter anderm auch Wald- und Gebirgskrankenschwester: ein Teil des Arms von der 3. Reich-Kugel wie aufgefressen, eine Narbe, wie man sie sich von dem Schnapper eines Hais vorstellt – als sei die Munition seinerzeit wenn schon nicht zum Töten, so zum Fleischfressen eingesetzt worden. In der Hausbibliothek die gesammelten Werke von Marx, in der Reihe darunter Tolstoj, *Rat i Mir* (»Krieg-und-Frieden« ist auch ein nicht gar seltener serbischer Vorname). In der Küche der schon für das einsame Mittagessen gedeckte Tisch, heiter wirkend durch die frischen, noch frühlingshaft kleinknolligen Zwiebelchen und das sonstige Junggemüse, alles in den kargsten Einheiten, neben dem kaum bodenbedeckten Minisuppentopf auf dem Miniherd: einerseits der Anschein einer Puppenküche, andererseits die Ahnung vom einstigen Biwakessen in den balkanischen Widerstandswäldern.

Von Banja Luka ostwärts, an Derventa und Doboj vorbei Richtung Zvornik an der Drina, Grenzstadt zu Rest-, Rumpf- und Zerrupf-Jugoslawien. Landstraße mit Schlaglöchern (immer noch serbisches Gebiet)? Eher eine Schlaglochlandschaft mit Resten einer Landstraße, dreieinhalb Jahre nach dem Kriegsende hier in Bosnien. Die Grenze zum muslimischen Gebiet rund um die Mittelstadt Tuzla unmarkiert, spürbar höchstens an den in der Folge deutlich besseren Straßen, und dann klar an den Minaretten, in der Regel weitab von den Straßen, und zuvor vielleicht noch an den sich häufenden Westbesatzungs-(SFOR)-Tanks und -Panzern, die ich eine Zeitlang, des Wochenendes wegen, für abwesend gehalten hatte: diese Fahrzeuge machen die sonst eher unsichtbaren Zonen zwischen den getrennten Völkern sichtbar, und hörbar, mit ihrem über die sonstigen Kleinfahrzeuge und selbst die Laster erhabenen Dahinpreschen; Fragmente geradeausgerichteter, kinnreckender, blickloser Gesichter (oft schwarzhäutig, späte Rachen für die Sklavenahnen) hinter den Sichtblenden – das französische Wort für »Panzer«, *blindés*, nicht unpassend auch für die Insassen; gleichmäßige, tiefeingeschnittene Kettenspurrillen im Asphalt anstelle der Schlaglöcher.

Grundanders dann die bald darauf folgende neue Grenze – auch sie freilich weder beschrankt noch beschriftet – nach der Durchquerung des muslimischen Territoriums, vor dem Wiedereintritt in das bosnisch-serbische (zählen: die 5. Grenze unterwegs): eine kilometerweite Pufferzone, bezeichnet durch ein riesiges, wie frischaufgeworfenes Militärcamp der internationalen Protektoratsmächte, in Schlamm und Baumwurzelerde – die Bäume verschwunden – hochumzäunte Barackenhunderte samt Wachtürmen usw. wie in einer anderen Mongolei, die frühere Landstraße Stichstraße und Teil des Lagers geworden, für die Lagerfremden (z. B. uns) eine langwierige Umfahrung in Form (?) eines Lehm- und Schotterwegs Richtung Drina und Serbien, wie auf das Reich der verlorenen Mitte zu, und gar zweimal jetzt auch ausführliche »Grenz«-Kontrollen (umso zünftiger, weil ohne bezeichnete Grenzen) durch Polizei der beiden Entitäten: Datendurchgaben mittels Walkie-Talkie, Kriegsverbrecher? Zuguterletzt endlich wieder in der Republika Srpska, und über einmal erstaunlich sanfte bosnische Höhen auf Zvornik und das alte Jugoslawien zu, samt unwillkürlichem, zugleich fast schon gewohntem Sichumschauen, westhimmelwärts: zu diesig heute zum Bomberanflug?

In Zvornik auf den ersten Blick überrascht von dem Anblick eines Minaretts auf einer weit in die Drina vorstoßenden Landzunge: so sind doch nicht sämtliche Moscheen im bosnisch-serbischen Gebiet zerstört worden? Aber vielleicht wirkt dieser Turm hier nur von weitem so heil? Und dann auch schon gleich die 6. (sechste) Grenze, mit zwei (2) Grenzschranken auf der Brücke über die grüne Drina, auch zwei Grenzhäuschen je auf den Brückenschwellen, samt verschiedenfarbigen und -geschnittenen Grenzeruniformen der zwei nun vollkommen getrennten Staaten: der Republika Srpska, Teil von Bosnien-Herzegovina, und der Sozialistischen Föderativen Republik Jugoslavija (vor acht Jahren noch gemeinsam in einem selbstverständlichen Staat). Auf dieser 2-Staaten-Brücke jetzt aber ein sichtlich frei durcheinandergemischtes Hin und Her; mehr Menschen da auf der Brücke als vielleicht in den einst zusammengehörenden beiden Kleinstädten diesseits und jenseits des Flusses zusammen – eine der vielen simultanen Versammlungen, die im Augenblick immer noch in ganz Jugoslawien, gut vier Wochen nach Kriegsausbruch, stattfinden, gerade unter dem Bombendrohhimmel, und vor allem eben auf den Flußbrücken; Fluß- und Stromland Serbien. Hier nun freilich die Besonderheit, daß das, durch die Anerkennung des Staates Bosnien-Herzegowina 1992, getrennte Volk auf der zur Grenze gewordenen Brücke einmal gemeinsam demonstriert? musiziert? sich ergeht? Lassen das denn die Protektoratsmächte für Serbobosnien so einfach zu? Vorderhand jedenfalls – vielleicht auch, weil keine Gewaltparolen vorkommen, und vielleicht auch, weil die serbobosnischen Soldaten in ihren bloß so geduldeten Kasernen entweder (so bestimmt es das Protektorat) nur über Waffen ohne Munition verfügen, oder über Munition ohne Waffen. Die Drina fließt gebirgsbachschnell dahin, mit überviel

Wasser (abgelassen aus den Stauseen, wo Bombardierung befürchtet wird); dahinter steil ansteigend die hohen serbisch-jugoslawischen Wälderberge. Bis heute ist auf Zvornik noch keine Bombe gekracht; die Bewohner wissen nur vom nächtlichen Überfliegen zu erzählen, samt scharfem Knall des Schallmauerdurchbruchs, und von eher fernen Detonationen im Gebirge mit den Fernmeldezentralen. Bemerkenswert auch hier, an den eher stillen und vor allem völlig abgelegenen Manifestationen auf der Brücke, das Vorkommen einiger Protestschilde auf Englisch, emporgehalten für welche Kamera? (Es ist keine da, nicht einmal eine lokale.) Die Mehrzahl der Transparente freilich auf serbisch-kyrillisch; hier nur einer der Sätze: НАШИ МОСТОЬИ ИМАIО ДУШУ ВИ НЕМАТЕ – »Unsere Brücken haben eine Seele, ihr habt keine«. Sitzen dann im Abendwerden vor einer Bar an der Brückenschwelle, und der Satz eines Mannes vom Nebentisch, Flüchtling aus dem ehemals serbischen Teil von Sarajevo: »Um des Friedens haben wir unser S. den anderen gelassen und sind hierher gezogen, und jetzt hier der nächste Krieg.«

Im Nachtdunkel die Drina aufwärts, zugleich südwärts. Übernachtung in Bratunac, im fast schon vertrauten Hotel »Fontana« (samt lichtloser Dusche und den Schußlöchern im Fenster des Speisesaals, Vorboten des nahen Srebrenica). Frühes Erwachen am nächsten Morgen, ferne Kuckucksrufe. Rundgang durch die Dorfstadt, allein. Sonntag, 15. April 1999. Unter den, wie üblich, allüberall angeschlagenen Totenzetteln zwei, die den Tod von sehr jungen, einheimischen Soldaten anzeigen. Wie? Auch bosnische Serben demnach im Krieg? Angabe des Sterbedatums (vor ein paar Tagen), nicht aber des Orts. Im Hotel wieder die Mädchenhandballmannschaft des Vorabends, aus Banja Luka, bewacht an einem Nebentisch von wieder dem gleichen mittelalten, geldschwer wirkenden Manager-Pärchen, von dem Zl. dann meint, solche

Leute, bloß ausnutzend, verschiebend, kassierend, hätten das alte Jugoslawien ruiniert und täten jetzt im allgemeinen Jammer unbeschadet weiter.

Sonntagmorgenfahrt bergauf in das sich verengende Tal, und dann die Schlucht von Srebrenica, fast vier Jahre nach dem Fall der Enklave. Die alte, unveränderte, rußige Zerstörtheit; das wenige notdürftig Reparierte schon wieder am Auseinanderfallen, zerrissen, zerfetzt, mit den Altschäden mitverrostet. Das kleine Aufkeimen hier und dort, während der Vorjahre eine Zeitlang zu betrachten (ich bin zum fünften oder sechsten Mal hier), vor allem in Gestalt der sich vervielfältigenden Gemüsegärten und der Kleinäcker: inzwischen fast erstickt im Geröll. Solo hangauf zur orthodoxen Kirche, wo gerade die Glocken zur Messe rufen (die zwei andern suchen indessen zwischen den Ruinen nach dem fast schon befreundeten Ortsverwalter – einem Ökonomen!) Gottesdienst: die Frauen linkerhand der Ikonenwand (oder -schranke) postiert, die Männer (gar nicht so viel weniger) rechts; sehr junger Priester, ich hielt ihn zunächst für einen bloßen vorbereitenden Assistenten. Dann die immerwiederkehrende Formel in den Gebetsanrufungen: »Der Vater, der Sohn und der Heilige Geist« (wobei sich alle bekreuzigen): noch nie ist mir das Dreifaltige des Einen Gottes so klar, sinnfällig und nachwie vorerlebbar geworden: ja, es ist wahr: die Gottesperson wirkt als »Vater«, als »Sohn« und als »Geist« – und mein (leises) Unverständnis, wie der edle und so vielgliedrige Islam dem Christentum diese Dreifaltigkeit einst als eine Spitzfindigkeit, als eine Art Rückfall in einen falschblühenden Poly-Theismus anrechnen konnte. Kindersingstimmen zu unseren Häupten, und immer wieder hebe ich den Kopf zu diesen Mädchengesichtern dort hoch hinten über mir, wie sie oberhalb der Chorbrüstung schweben (und auf beiden Füßen stehen): jener unerhörte, fremdvertraute Schmetterton, abseits von all unseren eingängig gewordenen mitteleuropäischen Noten schallend und klirrend, vor Jahren geradezu verboten beliebt als jene »Gesänge der bulgarischen Frauen«: hier in S. aber endlich unbezahlbar oder unverkäuflich – ausgestoßen aus vollen und zugleich sanftmütigen Kinderkehlen, Sing*schreie*, nur für jetzt, allein für den Gottesdienst jetzt hier; Produkt nur für diesen. Die Kirche mit dem Aussehen eines umgestürzten Bootes (nicht Schiffes), buchstäblich, wegen des rundum völlig abgefallenen Deckenverputzes, hinter diesem das nackte, beschädigte Holzsparrengewölbe. Jener eine, einzige, der Messebesucher, der vorzeitig weggeht: auf dem Steinboden der Kirche der Dunst-Umriß seiner Schuhsohlen, noch lange, bis lang nach der Wandlung des Brotes in den göttlichen Leib, des Weins in das göttliche Blut, verschwunden erst nach dem Vaterunser. Danach auf den steilen bröckligen Fußsteigen zurück in den Schuttort. Unterwegs das eine und andere mir durch die Jahre bekannt gewordene Gesicht. Mein Fragen nach dem Befinden zunächst mit einem Lächeln beantwortet, dann: »Schlecht, keine Arbeit«; dann Abwenden, um das Naßwerden der Augen zu verbergen. (Aber nein, keine Almosen!) Vor allem die so fühlbar schweren Herzen der Männer: nicht für die Familie, die Kinder, die Lieben, sorgen zu können. Die meisten der Flüchtlinge oder Auswanderer wieder aus den serbischen Teilen von Sarajevo, Ingenieure, Techniker, Ärzte. Soll ich denen obendrein »erzählen«, wie sie, zum Beispiel, von einem »Schriftsteller« (mehr und mehr solcher »Schriftsteller« für den Tagesgebrauch) in einem französischen Weltblatt geschmäht worden sind: sie hätten ihre beim Auszug oder »Weggang« aus Sarajevo und hierher nach Srebrenica mitgenommenen Toten bestattet genau an den hiesigen Massakerstätten? Nichts sagen. Verschweigen. (Achtung: von dem Gottesdienst in Srebrenica zu erzählen, von den geflüchteten, arbeitslosen, seit Jahren verlorenen Sarajevo-Serben dort, das heißt »Massaker« und »Genozid« leugnen!) Keine, keinerlei Arbeit in Aussicht: und wie groß war doch vor etwa drei Jahren, vor zwei, noch die Zuversicht, oder Illusion: das nach dem Krieg wiedereröffnete Blei-, Zink- und Silberbergwerk ist, mangels Maschinen und Absatzmarkt, längst wieder stillgelegt. Und der erhoffte Zulauf zu den berühmten Srebrenica-Eisenwasserbädern? Und die vielbeschworene Wiederkehr der west- und mitteleuropäischen Jägerschaften? S. ist mehr denn je der allervergessenste und zugleich verfemteste Teil des Protektorats. Wen schützen die internationalen Schutzmächte hier? Wen wollen sie hier bestrafen, wo doch fast nur die Kriegsflüchtlinge hausen? (Hausen?) Der vormals so tatenlustig wirkende Ortsverwalter-Ökonom, den ich endlich in einem zugigen Kaputthauswinkel aufstöbere: nichts zum Wirtschaften, nichts zum Gegenwart- und Zukunftschaffen; noch junger, kräftiger, dabei jämmerlich verzagter Mann, mit seinem nun schon angejahrten Spruch: »Langsam geht es voran.«

Am frühen Nachmittag endlich ins bekriegte Land, über die Drinabrücke zwischen Bratunac (Bosnien) und Ljubovija (Serbien/Jugoslawien). Wohltat der durchkommenden Sonne – zugleich unabweisbar der Gedanke: Bombengunsthimmel. Wann und wo werden wir es nun zum ersten Mal einschlagen sehen, endlich? (Fast eine Ungeduld, es hinter uns zu bekommen.) Die Drina abwärts, nordwärts: wie viele »Ziele« (zerstörbare Objekte) doch dieses Land hat, die Eisenbahnlinie neben der Uferstraße, das Kraftwerk da, das Umspannwerk da, jeder noch so kleine Ort mit mindestens ein, zwei Zielobjekten, wenn auch nur einem Getreidesilo, einer Tankstelle, einer Karosseriewerkstatt (käme in Frage für Panzerreparaturen), einer Ambulanz (geheimes Waffenlager!). Obwohl wir vor der Dämmerung in Beograd ankommen sollen, halten wir, leicht mutwillig, in der Mittelstadt Šabac, an der Sava, geraten an eine Kaserne am großen Fluß. Im Abstand zu dem wohl längst geräumten Gelände ein sehr einzelner, alleiniger, junger Wachsoldat – was bewacht er? – im hüfthohen Gras, ohne Mütze, ohne Funkgerät, mutterseelenallein auf die Splitterbomben und die Raketen wartend, Verkörperung der serbischen Soldateska, in der Pause zwischen zwei Greueltaten, würdig jener im Dreißigjährigen Krieg? (Šabac ist im 1. und im 2. Weltkrieg von den Österreichern bzw. den Deutschen zerstört worden, samt Vernichtung vieler Bewohner.)

Die Autobahn Zagreb–Belgrad dann immer noch unversehrt. Überall jetzt gegen Abend, auch auf den Nebenstraßen und Feldwegen, kreuzende Armeelaster: da es keine festen Garnisonen mehr gibt, scheinen die Feldlager nicht nur von Tag zu Tag, sondern von Stunde zu Stunde zu wechseln, sich zu zerstreuen; mehr Feld*staffeln* so kreuz und quer durch Serbien, ins Ungewisse und Unverfolgbare (?) als *-lager*; im heftigen Zickzack sich bewegende Ziele. (Paradox wieder: trotz der spürbaren ständigen Bedrohung – dräuender heiterer Himmel – während dieser Autofahrt ein Gefühl der Ruhe; Grund: in diesem von allen Kriegshunden gehetzten Land bin ich *nicht* fehl am Platz.) Und wenn ich nun etwas »gestehe«, so mag dieses Verb vielleicht eine gewisse Frivolität haben, aber eine andere, als die inzwischen in den Konversationen mit »Ich gestehe« verbundene: Ich gestehe also, während dieser Vorabendfahrt auf die jugoslawische Kapitale zu einem der tag- und nachtlang ins Ungewisse rollenden Soldatentrupps eine Stange Zigaretten hinaufgereicht zu haben in dessen LKW-Pferch, unter die Plane dort, samt Nahkampfgejohle (gegen wen freilich solch ein Nahkampf?) als Quittung.

Merkwürdige Erinnerungslosigkeit, was unsere Einfahrt in Beograd angeht, an den inzwischen schon mehr als dutzendfach bombardierten Flugplätzen Batanica und Surčin vorbei. Weder links noch rechts geschaut; eine andere Art, seinen Kopf in den Sand zu stecken? Auch von Beograd selber dann, vom Hotel »Metropol«, von dem »Panoramablick« aus dem 6. oder 7. Stockwerk dortselbst, kein Bild, weder des Abends noch der folgenden Nacht. (Natürlich doch Bilder – die man hat selbst mit dem Kopf im Sand: ein laufender Wasserhahn, ein laufender Fernseher, Blitz und Donner – wieder keine Bomben – ein bloßes Nachtgewitter.) Eine Art Isoliertheit auf einmal, auch die zwei Mitreisenden wie isoliert, eine allgemeine »Ungeselligkeit«, die sich am folgenden Tag, dem 26. April 1999, dem 1. Tag unserer sogenannten Kriegsschadenreise kreuz und quer durch den serbischen Süden, so mein Eindruck, eher noch verstärken wird.

Abfahrt südwärts bei schon halbtaglang strömendem Regen (immerhin: verminderte Flughundegefahr?), bei Entwarnungs- oder Alarm-Sirenen, in einem geräumigen Kombi mit leider dunklen Seitenfenstern. Wir (wir?) drei, ein älterer Fahrer, der einst beim jugoslawischen Konsulat in Los Angeles gearbeitet hat, und ein ziemlich junger Polizeimajor, Dragan P., als unser Begleiter, aus dem (noch und noch) gebombten jugoslawischen Innenministerium; (dessen Blech- und Schutthaufen bei der Vorabendeinfahrt in die Stadt als das erste Wahr- und Wirklichkeits- oder Unwirklichkeitszeichen des aktuellen Krieges. Eine Stunde südostwärts auf dem autoput (inzwischen zunichte), dann abgebogen nach Kragujevac, dessen Zastava-Werk (Autos) einst die größte Fabrik Jugoslawiens, wenn nicht des Balkans, war: jetzt noch und noch zerbombt. Bei der Ankunft vor den nach außenhin, zur Straße, wie unversehrten, meilenlangen, eher niedrigen und erstaunlich zierlichen Fassaden unversehens Blitzlichter, Videokameras: auf einmal sind wir, bis dahin nichtsahnend, eine *delegacija.* Aber warum nicht, *zašto da ne?* (eine der häufigsten ewig jugoslawischen Floskeln mit dem »nema problema«): keine Miene verziehen, auch als »Delegation« möglichst genau hinschauen, behalten, bezeugen! Und wieder, in Kragujevac hier noch stärker als anderswo, das bestaunenswerte Phänomen, daß alle die zuvor gesehenen Photos, Filme usw. dem Maß der Zerstörung, des Vernichteten, der Gewalttätigkeit der Bomben und Raketen nicht annähernd gerecht geworden sind: käme dem Anschaulichmachen des Luftfaustrechtes nicht sogar eines der altmodischen Panoramagemälde, der 360-Grad-Bilder aus dem 19. Jahrhundert, näher? Eigentümlich auch, wie mir die Zertrümmerung gerade der *Werkzeuge*, der Werkbänke, der Hämmer, der Zangen, der Schraubstöcke, der Zentimeterstäbe, der Nägel und Schrauben (geplättet und zerrissen selbst die kleinsten Einheiten) noch näher ging als die der massiven Maschinen. Es war, als hätten mit diesen Werkzeugen – hieß »Werkzeug« nicht einmal: Zeichen der Menschwerdung? – die himmlischen Gewaltmächte für die ganze Region die Arbeit, d.h. jedes Zusammenwirken und Dasein (Existieren) auf unabsehbare Zeit vernichtet. Und merkwürdig wieder, wie der Anblick der an ihren Aufhängungen und Laufbändern zerrissenen und verbrannten halb- bis fastfertigen Autohunderte mir weh tat – mir, der bei Autos sonst eher wegblickt –, weh tat, als handle es sich bei ihnen um leibhaftige Wesen, denen ein übermächtiges Un-Wesen in einem einzigen Schlag (es waren in Wirklichkeit mehrere Schläge) das Innerste zertrümmert hat. Und inmitten des stolzen (ja) Werks (ja) das ebenso stolze, edle Heizkraftwerk (*toplana*), das ganz Kragujevac (etwa 200 000 Einwohner) versorgt hat und jetzt nur noch, statt aus blinkenden Kesseln und Röhren, aus Fetzen und Fransen besteht – längst ist das keine Militäraktion mehr, sondern ein Lahmlegen, ärger, ein Ins-Herz-Schlagen, ärger, ein Von-der-Eroberfläche-Wegteufeln eines ganzen Landes, mehr, eines ganzen Erd-Teils. Selber schuld, diese zersplitterte toplana war als »Schutzschild« benutzt, ja schon gebaut worden für die böse Autoproduktion der bösen Jugo-Kommunisten! Und selber schuld auch jene »124 schwerverletzten Arbeiter« (Delegation! Zahlen!), von den Westbomben kollateral erwischt – auch die »mißbraucht als Schutzschilder«: Überreste – Marmeladenbecher, Fruchtsaftetiketten, Plastiklöffelchen – von der letzten Nachtmahlzeit dieser 124, knappst neben den verschmorten Autoschlachtviehserien unter dem meilenweit den Himmel durchlassenden Hallendach – wirklich bloß »verletzt«? Verwunderung der Delegationsmitglieder, daß so knapp neben der Bombenwucht auch nur einer von ihnen am Leben blieb; neuartige Kriegs-Kunst? Der tiefste Nachdruck vom Totalkrieg der NATO gegen Jugoslawien in Kragujevac aber kommt von etwas besonders »Unphotographierbarem«: jenen Erdschlammbatzen hoch oben an einem der vierstöckigen, von den Bomben nur gestreiften Verwaltungsgebäuden: von dem Einschlag-Krater nebenan im Vorhof, Krater, ungleich tiefer als alle mir aus dem 2. Weltkrieg je »begegneten« – ein Hochgeschleudertsein der Erde bis zur Firstwand hinauf, nein, keine Spritzer oder »Batzen«, vielmehr Münchhausen-kanonenkugelgroße und auch so runde Schlachtspuren, noch jetzt, mehrere Tage nach der letzten Bombardierung, vorgewölbt (»konvex«) an dem eingerissenen Mauerwerk haftend, aus dem Krater gestoben wie aus dem Erdzentrum, mit dem Druck einer Vulkaneruption? Nein, das hieße ja »Natur-Katastrophe« – hier aber ist es spürbar Untat, Punkt auf dem i all der Nachbar- und Kollateraluntaten.

Noch ungeselliger, jeder für sich (eher gegen sich), womöglich noch stärker isoliert, weiter südwestwärts, nach Kraljevo und danach ins vielbesungene Tal des Ibar, zu den nächsten Zerstörungsbesichtigungen. Vielbesungenes Ibartal? Des allseits an den Flußrändern, als das vorherrschende Auengewächs, siedelnden unbalkanesischen Flieders wegen, im Mittelalter eingepflanzt von einem der ersten serbischen Herrscher, aus Liebe zu seiner französischen, heimweh- und fliederkranken Gemahlin. Jetzt aber ein zerstörtes Tal, in »Mitleidenschaft« selbst die Gebirgsflanken beidseits. Die Zuglinie in den fastmuslimischen Sandschak und weiter in das Kosovo führt südwärts da durch, und was in dem Ibartal an Brücken, Bahnhöfen, oder auch nur Bedarfshaltestellen vernichtbar ist, das ist, etwa am 35. Kriegstag, schon vernichtet oder unbrauchbar gemacht. Diese Vernichtung hat geländeweise aber eine seltsame Gestalt (Gestalt?): Flußbrücken etwa, die auf den ersten Blick als Ganzes erscheinen, und dann erst ins Auge springend: der chirurgische Eingriff genau an der Schwelle zwischen Fluß und Land, dort, wo die Brücke verankert ist, und die Brücke dort geköpft, schaffottiert, nur daß der Kopf eben, merkwürdig geneigt oder verbogen oder vornübergefallen, am Körper bleibt. Feinsauberer Schnitt, nichtsdestoweniger ein Aus für immer – und solche Phänomene quer durch ganz Jugoslawien (als Zweitphänomene neben den auf den ersten Blick schon augenfälligen Rundumschlägen):

das staunenswerteste Beispiel vielleicht jenes 21-(Zahlen!)geschossige Hochhaus an der Donau bei Beograd (3 Etagen davon einst sozialistische Parteizentrale) – mindestens 2mal tropften auf dieses ranke Bauwerk die Himmelsgaben, es war schon beim ersten Mal, von ganz oben an, bis in die Keller hinab, sogleich totgebombt – aber zugleich steht es immer noch rank und schlank dort am Dunav-Strome, wie eh und je, vergleichbar, für einmal, durchaus einem lebenden Wesen, das dort am Fluß stand und aus dem heitersten aller Nachthimmel senkrecht von einem Projektil durchquert wurde, im Nu von der Schädeldecke bis durch die Fußsohlen – ein Geschoß, das ihm von einem Moment zum andern sein Inneres löschte und es trotzdem wie heil weiter dort am Fluß stehen ließ – höchstens seine Hemdknöpfe ein wenig angeräuchert: augenblicks aus dem Leben geballert, steht es weiter und weiter aufrecht am Wasser und scheint, nicht nur im Blick eines internationalen Beobachters, weiterzuleben – ist dabei aber ganz besonders tot, so tot, wie man nur tot sein kann – und scheint im nächsten Augenblick doch wieder intakt, usw. im Programm – *die* Attraktion auf dem »Jahrmarkt 2000« des aus den Lüften angerichteten Grauens, oder Szenario für einen neuartigen Western, gedreht in Serbien, Titel: »Der wildgewordene Westen«. Daneben wirkt das offensichtliche Dem-Erdboden-Gleichmachen zeitweise geradezu als eine Art Blickberuhigung: jene zur Schutthalde gebombte Dorfschule jetzt etwa im Fliedertal, die zumindest keinen Form-Anhaltspunkt mehr liefert, kein Grundriß, kein Dachteil, kein Türstock, kein Pult, nichts, was an eine auch noch so fragmentarische Präexistenz gemahnt, allein Verkohltheit und Veraschtheit (kein Formfragment – kein Mit- und Nachgefühl), Asche, von der in der Dämmerung des 27. April 1999 jetzt eine Kühle aufsteigt, die noch klammer wirkt als die Abendkühle in dem Gebirgstal ringsum, entsprechend der wieder einmal treffenden südslawischen Redensart: »Bei euch ist es kalt wie auf einer Brandstätte.« Nur die zerfetzten Bäume nebenan und im Steilhang darüber lassen noch die spezielle Gewalt ahnen – die hier und da inzwischen schon ein wenig (»zaghaft«) weitergrünenden Bäume besonders. Das Drängen unserer Begleiter zum Aufbruch – hier auf dem *Land*, fern von den Städten, gibt es keine Sirenen für Bombenalarm, und mit der einfallenden Nacht naht jetzt die Luftgefahr, und die zumal da, gerade da, wo schon einmal gebombt worden ist: in aller Regel wird an diesen Stellen, in den Tagen darauf, gleich noch einmal, und noch einmal, gebombt, einfach so? Warum nur? Der alte Mönch im Kloster von Studenica wird darauf am nächsten Morgen eine Art Antwort geben. Vielleicht.

Nacht weit abseits der Straße, auf der Sohle zum Gebirge, wo Studenica liegt. Schlafen im Motel unterhalb – der Konak, die Herberge des Klosters, schon dunkel; wir fünf als die einzigen Gäste, seit dem Krieg kommen kaum mehr Besucher. Sehr stille Gebirgsnacht mit klassischem Quellwasserrauschen samt Nachtigallenschluchzen oder -flöten. Sehr hoch oben in den Himmeln dazu gegen Mitternacht die zunehmenden Flugzeuggeräusche. In anderen Zeiten wäre dieser Moment ein zutiefst friedliches »Und« der Drei-Einigkeit gewesen: das Rauschen der Bergbäche, und die Nachtigallen, und in der Höhe die Nachtflugzeuge mit den Passagieren unterwegs von, sagen wir, Frankfurt oder London oder Amsterdam nach Athen, Istanbul, Kairo, Tel Aviv, Bombay. Viel Glück euch dort oben! Zusammengehörigkeitsgefühl! Jetzt aber sind das dort, in Transkontinental-Reisehöhe, nur spürbar höherer als je üblicher Reisegeschwindigkeit, ausschließlich Nachtkriegsmaschinen, auf dem Flitzweg, gerade nur zum schnellen Knopfdrücken und Wiederumkehren, in das nahe Kosovo. Nie mehr werde ich das nächtliche Gebrumm eines Transkontinentalfliegers als ein friedliches Geräusch hören können? Nie mehr werde ich die Nachtpassagiere in meine Gedanken einschließen können?

Noch früher aufgestanden, an diesem 28. April 1999, als üblich: so als gehöre das zum (mittelalterlichen) Kloster und, mehr noch, zum Gebirge. Glockenläuten zum Motelzimmer hinein, wo es so kalt war, daß ich mich zusätzlich mit dem Mantel zudeckte; Ruf zur Frühmesse. Hinauf zur byzantinisch-romanischen Kirche, fast zu sehr in Eile. Die Messe dann erstaunlich kurz für den orthodoxen Ritus, werktäglich?, eher eine bloße Andacht mit Gesang und Kommunion (Brotbröckchen), nah jenen stillen katholischen Messen, bei denen am Altar – oft bloß einem unscheinbaren Seiten-Altar – von dem stetig abgewandten Priester, der dort gekrümmt hantiert wie in einer Arbeitsnische, höchstens einmal ein gemurmeltes (Lebens-)Wörtchen vernehmbar wird. Gegen Ende sind auch sämtliche anderen »Delegierten« dabei, samt Fahrer und Major. Später auf der Weiterfahrt erzählt (erzählt!) dieser, beim Aufstieg vom Motel zum Gotteshaus – er war noch nie in Studenica gewesen, dem Nationalheiligtum – seien ihm die Tränen gekommen, »fast« – er habe, vierzig Jahre alt, noch nie an einer Messe teilgenommen, und das nicht nur wegen der jugoslawisch-kommunistischen Zwischenzeit, und auf einmal habe er da ein lebenslanges Versäumnis gespürt; sehr große, fast runde, staunende Augen des Polizeimajors beim Erzählen. Ab diesem Moment, oder schon nach dem Ende der Messe gab es keine »Delegation«, keinen »Begleitschützer« (der sich gleichwohl dann außerhalb der Kloster-Bannmeile wieder die Pistole unter die Schulter band) und keinen »Fahrer« mehr.

Frühstück (doručak) bei aufgehender Sonne im Wohntrakt der Mönche, zusammen mit zwei, drei hauptstädtischen Pilgern (jene, die im Konak übernachtet haben – einer von ihnen weiß genau alle noch so kleinen Ereignisse, Tag für Tag, jeweils vom Morgen bis zum Abend, seit dem Kriegsanfang aufzuzählen: »Am 2. April, Vormittag, habe ich auf dem Zeleni Venac in Beograd noch eine Mandarine gekauft, die fast nur aus Kernen, 17 Kernen!, bestand.«) Der weißkalkige, offene Kamin mit dem hellen Feuer, genau wie bei meinem ersten Besuch in Studenica, im Spätherbst 1995 (bei Schneetreiben). Der alte Iguman (Abt) aus Prizren im Südkosovo, der sich hierher durchgeschlagen hat: nichts als Teilnahme und Offenheit, ungespielt, für fast alle aus dem albanischen Volk dort. Stille. Zornausbruch dann freilich auf die Luft-Schläger, deren Art insbesondere, längst Zerstörtes, von Grund auf Zerstörtes, tags darauf noch einmal zu zerstören, und nachts darauf wiederum – was ihn an die Ustasche-Kroaten seinerzeit im 2. Weltkrieg gemahnt: auch diese, nachdem sie zerschlagen und gemordet hatten, seien tags darauf in der Regel an den Tatort zurückgekehrt und hätten das Tote, und die Toten, noch einmal erschlagen, zertrümmert, zerstückelt. Über seinem Grollen der Sonnenaufgang: der erste warme Tag auf unserer Reise, selbst hierdort in der Höhe, nach einer bitterkalten Nacht; unversehens, wie üblich, ist es im innersten Balkan Frühsommer geworden.

Dieser Tag: der längste und ereignisreichste unserer Jugoslawien-Kreuzfahrt, im Berichten dafür die möglichste Kürze verlangend? – Weiter südwärts durchs Fliedertal, bis zu der Abzweigung ins Kosovo, mit der 4. und 7. zerstörten Brücke auf eher geringer Distanz. (Zerstörweise: s. o.) Dann scharf ostwärts und so eine (wahrhaft) geraume Zeit bergan, auf den Höhenzug des *Kopaonik* zu, gipfelnd auf über 2000 m Seehöhe, die südlichen Ausläufer schon ins Kosovo hineinreichend; ausgedehntes Wintersportgebiet (noch weit grösser als jenes einst olympische in Sarajevo), ganz oben mit noch beträchtlichen Schneefeldern: wir sollen nach dem Wunsch des Majors das Gebirge überqueren, oben ein zerbombtes Hotel (es gibt Dutzende Hotels auf dem Kopaonik) »begutachten« und an der Ostseite hinab nach Kruševac fahren (dort weiteres Anschaumaterial). Bei der Bergauffahrt unversehens das Gerenne eines Soldaten mit Maschinenpistole, hinter uns her: was machen wir falsch? Er will aber nur eine Strecke mitgenommen werden. Wieder so ein sehr junger jugoslawischer Soldat, mitten in seinem Land allein. Gerötete Halbwüchsigen-Wangen und offener Mund, nicht nur vom Laufen.

Er kommt aus dem angrenzenden (?) Kosovo, für einen Kurz(?)urlaub (?) hier zuhause (?), aber es ist, als sei er versprengt, auf der Flucht, auf der Suche nach seiner Truppe – nicht nur durch sein Laufen wirkt er so, auch durch seinen Blick, sein Geschau, zwischen Verstörtheit, Fassungslosigkeit, Ausharren – und zugleich Verjüngung, zusätzlich, in seinem Jungsein. All die Vorwochen Konfrontation mit den Rebellen oder Terroristen, die sich zwischendurch mit erbeuteten Armeeuniformen tarnten (»erzählt er«) – Krieg sei

Krieg –, aber dazu die Bomben aus der Stratosphäre (fast) – wie sich dagegen wehren, er wolle ja kämpfen, aber so sei kein Kampf, keine Gegenwehr möglich: neuartiges, einsames Meutern, das später allgemeiner geworden ist und vielleicht doch etwas anderes besagt als die weltweit gemeldeten »Desertionen«.

Für eine gute Stunde (und mehr) dann wieder zurück aus dem Frühsommer in die Spätwinterkälte, hoch oben dort auf dem teils schon kahlen (Baumgrenze) Kopaonik-Gebirgszug. Kein Mensch; nichts als das Eiswindwehen zwischen den stillstehenden Schiliften und den Hotel»dörfern«. Fast vergnügt erzählt Dragan, längst nicht mehr in der Rolle des Polizeimajors, wie er hier in der Berggegend Jahre seines Lebens als Schilehrer verbracht habe (vor seiner Polizeizeit). Aus der Ostebenenstadt Kruševac stammend, hatte er das Schilehrerdasein als seine »Große Zwischenzeit« erlebt, und bis kurz vor dem Krieg jetzt verbrachte er, von Beograd aus, mit Frau und Kindern hier die Ferien. Mir schien dann, er habe uns weniger zur Vorführung des zersplitterten Hotels als aus Anhänglichkeit und Freude an seinem Ort hierher, weitab von der eigentlich für die Delegation vorgesehenen Route, gebracht. Sein Lob der Schußfahrten am Steilhang!; ich sei eher nur zum Langläufer geeignet – und er zeigte dazu von dem gegenwärtigen Trauerland Serbien, von den schroffen Höhenfelsen, südwärts hinab in die so weiten wie sanften Ausläufer des Kopaonik, in das ewig tragische (nicht mit »Bocksgesang« zu übersetzen) Amselfeld-Kosovo. Vorher noch sein heimatstolzer Hinweis – gledajte! schaut! look! – auf das wie immer jäh wechselnde Wettergeschehen in seinem Gebirge: das hänge zusammen mit dem stark eisenhaltigen Gestein. Wir waren da schon seit einigen Augenblicken aus dem Kombi gestiegen und warteten auf den Mann von der Bergpolizei, der uns zur Bombenstelle bringen sollte. Tatsächlich war der heitere Himmel mit einemmal blaudunkel geworden, die Wolken preschten nah über dem Kahlfelsenboden. Und jetzt wurde es für einen Sekunden-Bruch-Teil wieder grellhell, oder es schien nur so, der Schreckmoment machte das?: die Sonne?, nein, ein trockener, hochflächenumspannender Knall hieb auf uns allesamt hernieder, worin die Umwelt augenblicks blitzweiß wurde (was wohl eben nur das Erschrecken bewirkte). Einziger Nachhall: ein wieder sehr, sehr hohes, sich nun entfernendes Fliegergrollen – und dann zur Beruhigung die Auskunft, das sei bloß das Durchbrechen der Schallmauer gewesen. Doch die das sagten, glaubten es offensichtlich selber nicht recht, hätten sie es sonst ständig, auch voreinander, wiederholt? Und wir waren im Handumdrehen zurück in unserem Blechgefährt, das dabei weiterhin nur dastand, bugsiert worden; so als seien wir dort sicherer als unter dem freien (?) Himmel. Sitzen und Abwarten; ich hätte lieber draußen gewartet. Aus einigen Hotels, gleich nach der Detonation, ein hastiges Ausrücken, Wiedereinrücken, Wiederausrücken, ein wirres Bäumchenwechsel-dich von noch und noch verwirrten, verstörten Soldaten, nicht unähnlich einer Heerschar von Kellnern, die sich auf einen internationalen Staatsempfang vorbereitet, in der Gewißheit der vollkommenen Sinnlosigkeit aller dieser Vorkehrungen, und der gemeinsamen Verlorenheit: kein wie immer gearteter Empfang der Hohen Gäste aus dem Reich des Himmels käme in Frage; die Kellnerriegen da wären im Nu nicht nur überrannt, sondern in die Erde gestampft.

»Lokalaugenschein« endlich bei dem abseits der zentralen Schikomplexe gelegenen Chalet-Hotels, gleich zu Beginn des Kriegs, als Art Zugabe zur sofortigen Zerstörung des ganz woanders befindlichen Bergradars, mitgebombt und dem Erdboden gleichgemacht, einem Vulkanerdboden; und dieser Vulkan wird gleich wieder aktiv und intensiv werden, s. o. Dem Erdboden gleichgemacht? Dem

Erdboden Hohn gelacht. Der Erde ins Gesicht geschlagen. Im großen Umkreis um diesen noch nicht ganz verfestigten Vulkanschlammboden, inmitten der Myriaden (ja) von gerade durch die harschen Schneereste gestoßenen, gespitzten, weltraumblauen Krokusblüten nicht selten einzelne leuchtlackgelbe Spielzeugfallschirmchen: »Nicht berühren!« schreit der Bergpolizist. Es handelt sich um die beim Aufprall der raumkapselgroßen Mutterbombe weit in das Erholungsgebiet gefetzten sogenannten Splitter-Bomben, Tausende Winzkinder der Großen Mutter, welche diese – hoch die Erfinder! – in ihrem tausendfächrigen Leib einsatzbereit trug –, und von diesen Scheinspielzeug-Schirmchen, auf die jeder Bub und jedes Mädchen (und nicht nur die Kinder) auf der Stelle, wie magnetisiert, zuliefe, um sie aufzuklauben wie einen Fund oder gar einen Schatz, wimmelt inzwischen Ganzjugoslawien, und wird so weiterwimmeln. Jahrhunderte wird es dauern, bis die Bewußtseinswunden auch bloß halbwegs verheilt, verjährt, aus der Erbmasse verschwunden sind, die dieser nun schon beinah Monate dauernde Blitzkrieg dem Land, und dem Balkan, und der Welt überhaupt, und der Menschen-Geschichte als einem Traum vom endlich gewaltlosen Fortschreiten und Weiterkommen zugefügt hat. Dramatisiere nicht! So dramatisiere ich jetzt noch mehr: diese der Welt und der Idee von der Geschichte als einer Bewegung auf ein Licht zu geschlagenen Wunden werden nicht einmal halbwegs, nicht einmal notdürftig zuheilen; sie werden nie mehr zuheilen, ewig nicht; es sind Todes-Wunden; und Welt wie Geschichte mögen zwar weitertun, als ob (was auch so sein soll, schon um der jetzigen und der nachgeborenen Kinder willen) – aber der Traum von der Geschichte als einer Utopie wird durch diesen nicht nur vermeidbaren, sondern auch scheinheiligsten Krieg bis zum Zeitenende etwas Ausgeträumtes und Untotes, eine untote Idee, oder auch bloß – meinetwegen Entdramatisierung – etwas Gefälschtes sein.

»Heilfroh«: fast so war mir zumute, als wir dann aus dem Gipfel-Gelände des Kopaonik wieder draußen und ostflankenbergab waren (und ich glaube – eine lange Zeitlang tat keiner wieder den Mund auf – den anderen war ungefähr gleich zumute): derart mitten im Krieg, derart mitten im Gebiet des blindlings schlagwetternden Zufalls, hatte ich mich höchstens einst in den Kindheitsträumen erlebt. Je weiter von der Gipfelflur (Achtung, kein Poesiewort, sondern geologischer Begriff!) weg, desto klarer auch der Himmel: und obwohl das ja gerade gesteigerte Gefahr bedeutete, erstaunliches Gefühl der (relativen) Sicherheit. Und wieder war zuvor, beim Verlassen der Hotelsiedlung, ein junger Mann hinter unserem Kleinbus hergerannt: diesmal aber kein Soldat, sondern ein Hotelangestellter. Er wohnte in einem der Dörfer des Tals tief unten, 20 km weit weg, hatte gerade seine Tagschicht beendet – seine Gäste waren im Moment nicht mehr die Schiurlauber, sondern die Soldaten –; kein Omnibusverkehr mehr im Krieg – ohne uns (kein einziges Auto sonst unterwegs) hätte er zu Fuß heimgehen müssen, ebenso wie er in der Vornacht die über vier Stunden zu seinem Berg-Arbeitsplatz *peški* (zu Fuß) aufgestiegen war. (Einst im Frieden, ja, »einst«, gab es mindestens 1x täglich einen Bus Novi Sad–Beograd–Kopaonik).

Die gewohnten ungewohnten weiten serbischen Horizonte unten im Tal von Kruševac. In Abständen qualmende Abfall-Autoreifen neben der Straße: sie sollten angeblich das Radarsystem der dicht über dem Boden hinschießenden Tomahawk-Raketen ablenken … Vor der Einfahrt in die Stadt Halt in einem von Dragan, dem Einheimischen, empfohlenen Gartenlokal namens *Gedža*, was ein Spitzname für »Serbe« sei und ursprünglich das »neunte Ferkel« bedeute: jenes, das, bei acht Mutterzitzen, keine Zitze und so auch keine Milch bekomme. Mein Alleingehen, wie üblich, zuvor an der sonnigen heißen Landstraße, in die eine, dann in die andere Richtung: wie um in den Tag und in das Land und zum Krieg hinaus zu finden. Ein wieder einmal gar zu reich gedeckter Tisch dann – wie so oft in Serbien. Wer soll das alles essen? Unsere zusätzliche Beschämung, als später der Bus Beograd–Priština für die übliche Rast da hält und sämtliche Passagiere, mit begleitenden Polizisten und mit Soldaten, Serben, Albanern, Zigeunern, Türken bei ihrem bißchen Kaffee oder Saft oder gar nichts den Speisenstapel auf unserem Tablett vor sich haben müssen: schnell weggepackt, die Familien des Majors und des Fahrers werden mit den Paketen was anfangen können …

Dragan P. ist, dank der Besichtigungsreise mit uns, zum ersten Mal seit Jahren in seiner Heimatstadt Kruševac, und ebenso lange auch hat er seine Eltern nicht gesehen. Jetzt besucht er sie, zusammen mit uns, und es trifft sich, daß dort gerade der Geburtstag seiner kleinen Nichte gefeiert wird. »Dank der

Reise«: und tatsächlich bedankt sich die Mutter bei uns Fremden, daß sie endlich einmal wieder ihren Sohn zu Gesicht bekommt, auch »dank« des Krieges. Nicht wenig Verwandtschaft drängt sich an diesem Nachmittag in dem kleinen Haus, in dem es aussieht wie, sagen wir, irgendwo in Mödling bei Wien, samt Frühlingswehen im Garten – nur daß auf der großen Spielwiese gleich anschließend ein gewaltiger Krater sich breit und tief macht: vor kurzem hat nachts ein heim ins schöne Aviano oder sonstwohin kehrender Heldenpilot da seine Bombe entsorgt. Die Mutter des Geburtstagskindes ist Französisch-Lehrerin am Gymnasium. Nur sind seit Kriegsbeginn alle Schulen in Jugoslawien geschlossen. Ein paar Tage lang sei das den Kindern vielleicht lustig vorgekommen. Inzwischen aber irre die gesamte Jugend des Landes nur noch ziellos hin und her. Kurz darauf im Zentrum der schönen Stadt Kruševac: die ausladenden Terrassen der vielen Boulevard-Cafés voll mit jungen Leuten, ohne Getränke auf den Tischen, ohne etwas; ein zunächst lebendiges, farbiges Bild; dann freilich: sie wissen nicht, was sie sonst tun sollen.

Auch in Kruševac dann wieder zum pflichtbewußten Beäugen und Bezeugen der Vernichtungen. Besonders nachhaltig dorthier neben anderen zerschlagenen Brücken jene eine wie mit einem Karateschlag hingestreckte und in die breite, gerade ihr Frühjahrshochwasser führende *Zapadna Morava* (»Westliche Morawa«) gesackte: deren Fußgängerstege, aufgekrümmt wie eine Berg- und Talbahn, sind vorderhand noch passierbar, zum Teil freilich die Sohlen schon im Wildwasser, und bilden den inzwischen letzten Flußübergang zwischen zwei Stadtbezirken: die örtlichen Busse halten im Abstand vor einem Schuttwall, und die Pendlermassen behelfen sich, einer hinter dem andern, wie in einer Vorzeit und in einem Urwald, über die halbtote Brücke, samt ihren Einkäufen und Siebensachen, die sie nicht selten in Schiebtruhen heim über den Fluß schaffen – auch hier wieder jene ungeheure oder nicht geheure Geduld; das Herzzerreißende solcher Geduld. Und danach, auf vollkommen freiem Feld, wieder das vollkommen zerfetzte, auseinandergerissene Heizkraftwerk, Eisen- und Stahlwollteile in die umliegenden Wiesen und Äcker geschleudert, und anschließend die blitzblaubemalten Röhren der Heizungspipeline, abgetrennt vom Werk oder der Wärmequelle und aufgeschlitzt auf die Silhouette der ziemlich großen Stadt Kruševac zu führend, ferne, bedürftige Schriftzeile am Horizont; zuführend? Sinnlosigkeit. Elendigkeit.

Vorsatz der Kürze für diesen 27. April 1999: mißglückt. Vielleicht aber es ab jetzt damit versuchen, ab dem späten Nachmittag, am Beispiel von Aleksinac, noch weiter im serbischen Süden, kleinere Stadt an dem autoput, wo am 6. April Bomben, Bomben? – nein, das müssen Raketen gewesen sein, die Ein- und Durchschläge in den Wohnbauten sind eher horizontal, »rasierend«, »scherend« – ein ganzes Viertel, mittlere Hochhäuser und eine Straße weiter Einfamilienheime, zerschmettert haben, »angeblich 17 Tote«: jetzt, drei Wochen danach, immer noch die Aufräumarbeiten, eher Verschiebe-Arbeiten – der Schutt wird hin und her geschoben. Auch die Überlebenden räumen mit oder tun so. Dieser da hat 3 Angehörige verloren (gottlob eher ältere, nein, keine Kinder), jener dort nur einen (1). Keiner, selbst im Erzählen, Vergegenwärtigen, weint; aber keiner ist auch bereit, wirklich zu erzählen – sehr und macht euch doch selber ein Bild, ihr Elends-Touristen! Ja, haben diese Serben, im Unterschied zu den benachbarten Balkanvölkern, denn keine Trauerkultur und keine Leidensfähigkeit? Können bei den schlimmsten Verlusten nichts als in die Luft oder seitwärts zu Boden schauen? – Wieder die zersplitterten Bäume in den Vorgärten. Und wieder treiben sie neu aus. Und an dem Haus mit den meisten Opfern (das Unterste zuoberst gekehrt) schlagen die aus dem Keller zwischen die Dachbrocken geschleuderten Zwiebeln Wurzeln und grünen, was sie im finsteren Keller doch niemals getan hätten!

Rückfahrt am Vorabend nach Beograd; Besichtigungsprogramm abgekürzt; keiner von uns ist mehr fähig, noch so eine Zerstörung aufzunehmen. Stop auf halber Strecke an einer in ganz Serbien berühmten Gaststätte: davor steht eine uralte, sicher mehrere Jahrhunderte alte Eiche, »Stari Hrast«. Immer noch sprießt und treibt es hier und da, wenn auch spärlich, aus dem halb schon in die Knie gesunkenen Baum-Methusalem. (Inzwischen, noch einmal Wochen später, gibt es die gesamte Autobahn nebenan nicht mehr, und ob die Alte Eiche wohl auch aus der Welt geräumt ist?, denn vor ihr könnte sich ja das heidnische, gottlose Serben-, Jugoslawen- und Balkanvolk neu zusammenrotten? *Stari Hrast*, gebombt »aus strategischen Gründen«?)

Zweite Nacht, während dieser Kreuz-und-Querfahrt, in der jugoslawischen Hauptstadt, und auch sie wieder aus dem Gedächtnis gelöscht, oder gar nicht erst in dieses eingetreten: am nächsten Morgen wird mir von nachmitternächtlichen Bomben wie seit je auf die Vororte Pančevo und Batajnica erzählt, aber ich habe, obwohl ich doch viel wach lag, wieder einmal nichts gehört: als sei auch das Gehör weggetaucht gewesen; abgestellt, eingezogen wie ein technisches Gerät; Gehör-Sturz. Boris Ilj. – seine obersten Hemdenknöpfe, in den ersten Kriegstagen allesamt geheimnisvoll abgerissen, sind inzwischen frisch angenäht –, der uns im Hotel »Metropol« erwartet, meint, ich wirke »todmüde«. Dabei fühlte ich mich hellwach – und zugleich wie in einen engen Schrank verbannt.

28. April 1999: Wieder das lange morgendliche Alleingehen in B., samt Entwarnungs- und gleich schon wieder Alarmsirenen. Regen. Menschenmasse, sich stetig vermehrend,

vor einer Behörde? Nein, vor einem Zigarettenkiosk. In dieser kleinen Bude können doch nicht Rauchwaren für diese tausend, und bald schon zweitausend, Wartenden lagern? Und trotzdem das wieder geradezu unheimliche geduldige Ausharren; selbst die hintersten in der bald boulevardlangen Reihe scheinen unverdrossen; keinerlei finsteres Warten. Bei dem neuerlich schrillenden Luftalarm dann, durchdringend wie in einem geschlossenen Raum, zugleich das Vorfahren geschmückter Autos vor einem Restaurant: ein Brautpaar, heftigst beblitzlicht, zieht samt großer Gesellschaft mit glänzenden Augen dort ein zu seinem Hochzeitsessen. Vom späteren Nachmittag im Gedächtnis vor allem ein Satz des jugoslawischen Außenministers Živadin Jovanović, eines Diplomaten alter und zugleich bubenhafter Andrić-Schule (ich hatte dem Gospodin Jovanović zuvor erzählt, in der Calle Velázquez in Madrid sei in dem Haus, wo Ivo Andrić Ende der zwanziger Jahre Vizekonsul war, vor zwei Jahren eine

Wohnung zu verkaufen gewesen, und ich hätte kurz erwogen ...): die Kriegsstaaten, so der Minister, täten Rußland bloß verächtlich ab und vergäßen dabei, daß dieses immer noch das Rußland Tolstojs, Tschechows und Gogols sei! Am Abend in der Wohnung der Malerin Oja I., gleichsam fingerspitzennah an einer der Brücken über die Sava. Unversehens das Gerücht, die Brücke sei in dieser Nacht »dran«. Geheimnisvoller Anruf dann: Ja, die Brücke (*most*) wird in der kommenden Stunde gebombt. Die Angst in den Augen der alten Malerin (natürlich »serbische Nationalistin«, usw.), und zugleich eine noch größere Traurigkeit. Und sie schickt nun fast alle ihre Gäste weg, möchte sichtlich mit dem, was sie befürchtet, allein sein (»serbisches Phänomen«?) Gehen später mit Zl. unter einem tatsächlich wie noch nie auf dieser Reise bombenklaren Sternen- und dann Vollmondhimmel im fast verdunkelten, sehr stillen Beograd, БЕОГРАД, bis Mitternacht. Noch immer nichts. Zlatkos Metallplättchensohlen schrammen auf dem Asphalt, was mir in diesen Momenten noch stärker durch und durch geht als sonst. Zu Bett im Hotel Metropol. Anders als sonst kein rasches Einschlafen. »Lesen« der Zerstörungs- und Totenlisten im ganzen Land, vom Minister mir mitgegeben. Licht aus. Noch immer nichts. Dann die Bomben – so unvermittelt, und so raumsprengend (und zugleich den Raum vernichtend), so handgreiflich und niederknüppelnd, daß dazu Wörtchen wie »jäh« oder »plötzlich« betulich und langatmig wirken. Und so Luftschlag auf -schlag, die ganze liebe Nacht. Gewöhnung unmöglich. Und klar, daß die, welche dem Getöse Tag um Tag ausgesetzt sind, zu Stotterern werden müssen, nicht bloß die Kinder. Eine Journalistin vom jugoslawischen TV, mir von einer früheren Reise als fast zu beredt in Erinnerung, vor einigen Tagen, bei einem Anruf aus Österreich, wo sie mit ihren Kindern zwischendurch Zuflucht oder Erholung bei einer Landsmännin gesucht hat: sie bringt kaum mehr ein Wort heraus; aus der sonst durch nichts von ihrem Redefluß abzubringenden Sprecherin ist nach acht Bombenwochen eine schwere Stotterin geworden, ohne Klagen dabei; spürbar das Stottern selber als eine Art der Klage (»typisch serbisch«?).

Benommenes, wortloses, dabei, »dank« der Bombennacht, irgendwie zittrig-belebtes Zusammenhocken am Morgen auf der Terrasse des »Metropol«; Ahnung von Sommerwind, balkanesischem, der mir in dieser Stunde durch und durch geht (anders als das Schuhplättchenschrammen in der Vornacht). Einige Einheimische – das Wort »Freunde«, *prijatelji*, vermeiden! – sind dazugekommen: Abschiedsmorgen. Seltsames wieder: obwohl wir drei Landesfremden, Th., Zl. und ich, heute von Beograd aufbrechen und Jugoslavija verlassen sollen, ist es, als seien es diese Einheimischen, in der Stadt und im bekriegten Land Zurückbleibenden, die weggingen und sich von uns trennten, wie für immer! Vor dem

Aufbruch noch ein Alleingang durch den Park beim Hotel, hinüber zu dem vor etwa zwei Wochen zerbombten TV-Gebäude, »angeblich« 11 dort Angestellte durch die Bomben »verschieden« (wörtlich in einer Westzeitung), gemäß »Spiegel« selber schuld, denn der Toningenieur, das Schminkfräulein und all die andern seien gewarnt gewesen, das serbische Fernsehen sei zum »Ziel« erklärt worden. Freilich dann – so sah ich – schlecht gezielt: statt des bösen Propagandasendeturms das bescheidene vierstöckige Gebäude nebenan getroffen, die Bombe da durchgefahren bis in den Untergrund. Und wieder, noch immer, an der Opferstelle die Aufräum- und Verschubarbeiten. (Am Vortag, dem 27. April, die Bombe auf das südserbische Surdulica, »angeblich« über 20 Opfer – die Zufluchtsuchenden im einzigen Luftschutzkeller der Wohnsiedlung –, doch gegen die up-to-date-Bomben der NATO hilft kein wie immer gearteter Luftschutz – dazu der französische Staatsvorsitzende: »Unter 1000 Bomberflügen jeweils bloß 1 Irrtum! Wenig!«) Stehen an der Absperrung. In den frühlingsstark blühenden Parkblumenbeeten am Saum zur Zerstörtheit viele da hineingelegte Schnittblumensträuße der Beograder für das Schminkfräulein, die TV-Produzentin, den Schneidemeister (dabei, einen Propagandafilm über Anton Tschechow zu montieren): diese Sträuße als längst verwelkte Kleininseln in dem großen, frisch leuchtenden Parkblumenmeer. Ein alter Mann, gleich mir an der Absperrung stehend, drückt mir unversehens die Hand, stumm, wendet sich dann ab und geht. Aber in seinem Abwenden gewahre ich wieder, nicht zum ersten Mal während dieser meiner Jugoslawien-Kreuzfahrt bei jemandem nasse Augen; und als gehöre zu diesem kurzen und gar seltenen Aufwallen der Tränen (typisch serbisch?) das Sichabwenden und – auch das habe ich noch wahrgenommen – das augenblickliche Versiegen. Und in der Folge vielleicht *das* Bild dieser Kriegsreise (es gibt also noch Bilder? der Bildverlust ist noch nicht vollständig?): in einem einzelnen Baum neben der zertrümmerten TV-Anstalt die von der Bombe ins Freie geschleuderten Film- und Ton-Kassettenbänder, da wie absichtliche Girlanden von den untersten Ästen bis in die grünende Krone verflochten, und so glitzernd, schwingend, silberhell blinkend in dieser Morgensonne des 28. April 1999; gleich nebenan das nur beschädigte ebenerdige Beograder Kindertheater.

Letzte Augenblicke von uns allen miteinander an diesem Tag der strahlenden Sonne, und dazu der Moment, wie etwa zum 10. oder 16. Mal in meinem bisherigen Leben, »meiner ersten Zigarette« – so wie Italo Svevos *Zeno Cosini* sein Leben sich gliedern sieht durch seine jeweilige *letzte* Zigarette, Heirat/Kind/Krieg … (1. Weltkrieg).

Zur Stadt hinaus, nordwärts, auf der letzten noch nicht vernichteten Donaubrücke, der nach Pančevo (dem dafür wohl meistbombardierten Serbenort). Wieder auf den »alten« Straßen, Landstraßen, durch die pannonische Ebene der Vojvodina, mit wieder dem Gefühl, atavistisch?, der Erde als Scheibe, auch als (gigantischer) Zielscheibe. Weiter die große Vorsommersonne auch während dieser Abschieds-Kreuz-und-Querfahrt. Immer wieder Militärsperren. Später, als kaum mehr Siedlungen zu durchqueren sind, auch sogenannte »Paramilitärs«: von denen weggeschaut – als würde man so von ihnen übersehen –, so wie ich zum Beispiel wegschaue, wenn ich auf Wanderungen einem freilaufenden Stier begegne. Rast in einem vojvodinischen Straßendorf. Eine schöne, städtische Frau setzt sich, nach langwieriger Aufforderung, an unseren Tisch im Freien. Sie ist Ärztin in einem 600-Betten-Krankenhaus in Novi Sad, Krebsspezialistin (»Onkologin«). Das Leiden ihrer, sichtlich *ihrer* Patienten ins Maßlose gesteigert durch diesen Krieg: kein Fließwasser mehr; die Kobaltbehandlung wegen der Bombengefahr ein geradezu totschlägerischer Leichtsinn. Diese Frau kann es nicht fassen, was die Länder, in die sie immer so gern gereist ist (sie war öfter in den USA), ihrem Volk antun. Statt sich aber zu empören, fragt sie dann nur: »Ja, sind wir denn wirklich so schuldig?« Und das ist kein rhetorisches Fragen: sie will wirklich und dringlich wissen, zum Beispiel von uns dreien hier, was ihrer aller, Serben und Montenegriner, Schuld sei! »Solch ein Leiden – da muß doch Schuld sein. Es kann nicht anders sein, als daß wir schuldig sind. Aber wie? Aber warum?« Und auch an ihr jetzt die nassen Augen, zum letzten Mal auf dieser Fahrt. Diese Augen da aber nicht auf der Stelle abgewendet wie bei dem alten Manne zuvor in Beograd, vielmehr uns frontal entgegengehalten, in das Licht und in die Sonne gehalten; unter Tränen FRAGEND, fragend; fragend; Vorwurf, Thema für einen Bildhauer, aber welchen?

An der Grenze später die sehr jungen ungarischen Grenzer. Mein »Zielscheiben«-

Schildchen am Hemd, eher da vergessen. Aufforderung der Grenzjünglinge, das Zeichen abzunehmen: »Weg! Herunter! Hier ist Ungarn! Ungarn ist NATO! Krieg!« Einer, der mir zugleich fortwährend an dem Schildchen schnippt, mit seinem selbstbewußten Grenzerfingernagel: »Tststs…«, kopfschüttelnd, kopfschüttelnd-strafend mich fixierend, Ts-Ts!, weiterschnippend an dem Blech, zwanzig Jahre alter stolzer NATO-Ungar. (Nie wieder Ungarn.) (?)

Rückkehr. – Rückkehr? Eine Art Rückkehr immerhin: Familie, Garten, Wälder, Lesen, Tun und Nichtstun, Zeitungen und Fernsehen, aber: weiterhin nackte, intensivierte Wort- und Bilder-Pornographie. Zugleich unechte Pornographie, wertlose, unechte Pornographie? Die echte Pornographie als Erkenntnismittel: Selbst an den Geschichten der Josefine Mutzenbacher kann ich etwas von mir erkennen; erkennen, wie ich bin (unter anderem bin). An dieser jetzigen Kriegspornographie aber erkenne ich gar nichts von mir; sie ist so unecht wie wertlos. Andererseits: Regentropfen fällt in eine Pfütze, und ich sehe die Zielscheibe. Im Wald ein abgesägter Baumstamm mit den Jahresringen: die Zielscheibe. Rückkehr? Ein in der Nachbarschaft ansässiger slowenischer Bekannter: »Du mußt jetzt unbedingt mein Vipavatal besuchen: die Nachtigallen (slavčki) und die Bomber, die nachts südwärts fliegen!« Die Fluchten der Albaner aus dem Kosovo; sind sie nicht Fluchten zur (für) Wiederkehr? Die Fluchten dagegen der Serben-Hunderttausende aus der Krajina 1995, aus Sarajevo, aus Slawonien … Der lügnerisch harmlose Himmel wieder in Frankreich – so als sei nur der drohende Himmel (Jugoslawien) ein wirklicher Himmel … Rückkehr? Leben wie in einer ungenierten Verbrecherwelt. Die der übrigen Welt noch nicht völlig sichtbare Vernichtung Jugoslawiens: ein Hinterhalt, der mir nicht räumlich, sondern zeitlich erscheint, für *später* verderbenbringend; ein ZEIT-Hinterhalt. Eine andere Sprache; oder auch nur ein anderer Tonfall, für J., für alle Länder! Wohlwollende Menschen, wo seid ihr? Es treten fast nur noch die Übelwoller auf, mit ihren Fertigmoralsprüchen. »Die Phantasie an die Macht!« – die einst aufzubrechen vorgaben mit solcher Parole, die haben sich als die ganz ohne Einbildungskraft erwiesen; sie sehen weder, noch spüren noch ahnen sie, was sie tun. Der junge Kambodschaner – Kellner im asiatischen Restaurant – bisher so respektvoll und distanziert – jetzt beim Anblick des »Target«-Schilds verächtlich den Mund verziehend: »Pol Pot! Milošević! Serbien!« Ja, da ist euch Westlern gegen Jugoslawien in der Tat ein weltweiter Coup gelungen ... Dazu der Sprecher der Medienagentur Saatchi & Saatchi (London): »Das Zeitalter der *Information* ist vorbei. Wir treten ein in das Zeitalter der *Idee*. Das heißt, wir brauchen einen *Kontext*, welcher der Information einen Sinn gibt.« Der Krieg gegen Jugoslawien: geführt nicht nur mit Splitterbomben und Raketen, sondern vor allem mit

»Kontext« und »Idee«. Das Zeitalter der Informationen ist vorbei.

(notiert vom 20. Mai bis zum 2. Juni 1999)